O Poder dos Salmos

Celina Fioravanti

O PODER DOS SALMOS

Como usar a força dos Salmos para favorecer a cura,
o trabalho, os relacionamentos e outras graças

Editora
Pensamento
SÃO PAULO

Texto de acordo com as novas regras ortográficas da língua portuguesa.

1ª edição 2009.
3ª reimpressão 2015.

Revisão: Maria Antonieta Santos.

Dados Internacionais de Catalogação na Publicação (CIP)
(Câmara Brasileira do Livro, SP, Brasil)

Fioravanti, Celina
O poder dos salmos : como usar a força dos salmos para favorecer a cura, o trabalho, os relacionamentos e outras graças / Celina Fioravanti. -- São Paulo : Pensamento, 2009.

ISBN 978-85-315-1566-8

1. Bíblia. A.T. Salmos - Miscelânea 2. Espiritualidade 3. Magia I. Título.

09-00455 CDD-223.2068

Índices para catálogo sistemático:

1. Salmos : Poderes milagrosos : Religião 223.2068

Direitos de publicação para o Brasil adquiridos com exclusividade pela
EDITORA PENSAMENTO-CULTRIX LTDA.
Rua Dr. Mário Vicente, 368 — 04270-000 — São Paulo, SP
Fone: (11) 2066-9000 — Fax: (11) 2066-9008
E-mail: atendimento@editorapensamento.com.br
http://www.editorapensamento.com.br
Foi feito o depósito legal.

Sumário

Este livro é dedicado a meu marido,
Juarez Fioravanti,
cuja vida é uma oração.

Introdução

Em 1994 fui a Campo Grande ministrar dois dos meus cursos e fiquei hospedada na casa de Marlene, organizadora dos eventos. Na ocasião, ela passava por uma série de problemas pessoais e dificuldades que de algum modo interferiam e afetavam o desenvolvimento e a organização do nosso trabalho. Com o propósito de ajudar, passei, a cada problema que surgia, a me refugiar em sua sala de estar, onde havia uma Bíblia; abria num salmo e fazia sua oração por sete vezes. Pouco tempo depois, a situação problemática se amenizava ou desfazia.

Tudo correu bem com o nosso trabalho e, no último dia, a Marlene comentou comigo nunca ter visto alguém resolver assuntos práticos com a ajuda dos salmos, ficando inclusive impressionada pela rapidez das respostas às minhas orações. Pediu-me que desse um curso sobre essa matéria no meu retorno a Campo Grande, o que ocorreu alguns meses depois com muito sucesso.

Foi feito um debate ao vivo na televisão sobre o tema, e os telespectadores foram convidados a participar por meio de perguntas pelo telefone. O retorno foi fantástico! No final do programa pude perceber o quanto as pessoas eram ligadas aos salmos e o interesse evidente que demonstraram pela sua aplicação prática.

Surgiu então a vontade de escrever um livro sobre o uso dos salmos, um projeto que rapidamente tomou forma ao constatar a crescente curiosidade de meus clientes e alunos em saber como eu o fazia. A concretização do projeto teve início quando, durante uma entrevista, uma simpática repórter me pediu orientação pessoal para usar um salmo que a ajudasse em seus problemas afetivos.

A religião é um assunto delicado, e os salmos são textos sagrados para algumas religiões; assim, no começo senti um certo receio de estar errando ao passar uma orientação não-religiosa a esses textos, mas depois, uma vez que considero a oração um dos meios mais fáceis de que o homem dispõe para se comunicar com Deus, prevaleceu o meu propósito para este trabalho: estimular a oração a fim de que se redescubra a força que tem uma prece.

A forma como uso os salmos é bastante livre tendo em conta a minha falta de instrução religiosa, fato que me tornou independente de qualquer religião. A fé em meu coração foi um presente que recebi de Deus, nasceu espontânea e liberta.

Este trabalho é composto por sete partes. Na primeira é feita uma pequena introdução aos salmos. Na segunda, uma análise do texto de cada salmo com a sua aplicação geral, onde são destacadas para cada um algumas frases mais significativas, que receberam o nome de "frases de poder". A terceira parte faz um estudo detalhado da utilização dos salmos como fluido de cura, que é uma de suas melhores aplicações. Já a quarta parte dedica-se à introdução dos salmos como referencial para afastar o erro da vida espiritual e como forma de desenvolver qualidades espirituais, aprimorando a alma. Na quinta parte são abordados alguns métodos para trabalhar com a energia dos salmos. As duas últimas partes são índices: um geral e outro específico para cura.

Desejo sinceramente que as orações de meus leitores possam ser respondidas, que seus apelos e desejos se realizem, trazendolhes o Reino de Deus na Terra, presente que Ele reserva para todos os seus filhos.

Capítulo I

A Oração dos Salmos

A palavra **salmo** deriva do grego **psalmós** que significa poema religioso composto para ser acompanhado por um instrumento musical, geralmente de sopro ou de corda. Os salmos mais conhecidos são os 150 poemas encontrados no Antigo Testamento, originalmente escritos em hebraico por diversos autores. A maioria é atribuída ao rei Davi, sendo por isso também chamados de "Salmos de Davi".

Os salmos eram cantados no templo da antiga Jerusalém. Acredita-se que o próprio Jesus fazia a oração dos salmos. Mais tarde eles passaram a fazer parte da liturgia das igrejas cristãs. No Novo Testamento os salmos são bastante citados, o que demonstra o reconhecimento de sua força pelos evangelistas.

A leitura de um salmo nos surpreende pela relação das situações narradas pelo salmista com as atuais. Deparamos com o homem endividado que clama por ajuda para saldar seus compromissos. Vislumbramos o pai de família pressionado pela fadiga na conquista do pão de cada dia. Encontramos a mãe aflita, pedindo ajuda para tirar seu filho do caminho errado. Esbarramos com o homem de meia-idade a quem assaltam as dúvidas e a falta de confiança no futuro.

Os salmos não são apenas orações de fé. Eles questionam muitas outras situações, chegando a ser considerados revolucionários, exaltados, políticos. Mostram falta de acomodação, cobrando por vezes de Deus um esclarecimento e uma ajuda maior. Com eles aprendemos que todas as horas da vida proporcionam um motivo para a oração, desde as boas até às ruins.

O que mais me impressiona é essas preces não pertencerem a uma só religião. Elas existem há tanto tempo que ninguém se pode proclamar dono do seu uso.

Sempre que falo dos salmos nos meus cursos, menciono que é mais importante procurar sua utilização nas palavras que o formam, do que aprender ou consultar sua aplicação mais usual. Um exemplo vivo disso é o salmo 121, que apresenta o número 120 em algumas Bíblias. No final ele diz: "O Senhor guarda suas entradas e suas saídas, desde agora e para sempre". Quando li esse versículo, imaginei meu filho saindo de casa e voltando bem. Desde esse dia, quando um deles viaja, copio esse salmo e o coloco na sua mala, certa e confiante de que como está indo, retornará amparado por Deus. Esse tornou-se para mim o salmo das viagens, dos atrasos de quem estou esperando o retorno, e das horas de aperto fora de casa.

Quem faz assim, de maneira pessoal, seu estudo dos salmos, acaba por descobrir que para tudo existe um salmo que se encaixa muito bem, que contém a palavra certa para a hora da aflição. É dessa forma que vou passar o uso dos salmos, com base na análise que fiz de cada um deles. Essa leitura, seguida de uma aplicação de acordo com os temas desenvolvidos no salmo, pode ser feita por qualquer um que deseje ter sua força dentro da vida diária. Sugiro que o leitor faça a sua própria leitura do salmo, procurando sentir com o coração a sua mensagem.

No "Livro de Salmos", que se encontra em qualquer Bíblia, as preces são numeradas; nessa numeração está também uma boa base da orientação a ser seguida para escolher o salmo a ser usado para cada ocasião. Existem nos números significados ocultos que podem ser aplicados para a escolha de um salmo.

Foi usada uma outra forma muito comum para determinar a aplicação dos salmos. Por exemplo, o Salmo 71 (ou 70) é muito utilizado por quem vai fazer uma cirurgia; dessa maneira, ele será também citado, com mais algumas aplicações.

Devemos ainda observar mais um fato com relação aos salmos. Como toda oração, a quantidade de pessoas que a repetem acaba por dar uma força maior ao seu uso. Com os salmos, orações repetidas através dos séculos, esse poder já está concretizado. É por isso que sua oração sempre obtém resposta tão rápida.

Quando leio um salmo, visualizo quantas pessoas, motivadas por sua fé e necessidade, já fizeram essa oração antes de mim. Fico pensando quantas delas tiveram seus pedidos ouvidos por Deus e como se sentiram protegidas por ele. Nessa hora eu tenho a certeza de que o pedido encerrado em minha leitura já é bastante conhecido por Deus e lhe é caro.

Aos que vão fazer a oração dos salmos, devo lembrar mais dois pontos importantes que estão relacionados com qualquer prece. A persistência no pedido é o primeiro deles. Insistir na oração até receber a graça solicitada é sinal de fé e paciência; por isso, não desanime quando o socorro não é imediato. O segundo fator a ser considerado é a questão do merecimento. Caso não seja atendido em suas preces, faça uma avaliação de suas condutas, pensamentos e palavras e veja se está merecendo receber aquilo que pede. Avalie também se o que solicita é justo para todos os envolvidos.

Quem ora alcança outra dimensão, fica perto de Deus. Faça do seu momento de leitura de um salmo uma forte ligação com Deus, uma hora sagrada, especial e muito importante. Não importa o lugar: em casa, no templo, no jardim; o importante é procurar estar inteiro na prece que faz.

Talvez o leitor encontre diferença na numeração dos salmos de uma fonte para outra. Não fique desorientado se acontecer encontrar numa Bíblia o salmo da confiança com o número 22 e em outra, com o número 23. Para seguir a numeração que usamos neste trabalho, tome como base o maior salmo, que tem para nós o número 119. Caso seu livro tenha o salmo 118 como o salmo mais extenso, a partir do salmo 9 some 1 ao número do salmo que está lendo. Por exemplo, na sua Bíblia ou livro de salmos o 118 é o maior: então, quando for ler as aplicações do salmo 30 da sua Bíblia, procure ler as que correspondem ao salmo 31 no nosso trabalho, que é o 30 do seu livro. E assim por diante. Uma olhada nas frases de poder que citamos também o ajudará a detectar se está lendo o salmo que mencionamos.

As frases de poder citadas neste trabalho foram extraídas das obras:

BÍBLIA SAGRADA — Editora Ave Maria Ltda. Tradução dos originais mediante a versão dos Monges de Maredsous (Bélgica) pelo Centro Bíblico Católico.

NOVO TESTAMENTO, SALMOS E PROVÉRBIOS
— Os Gideões Internacionais.
Tradução de João Ferreira de Almeida.

SALMOS — edição pastoral — Edições Paulinas. Tradução de Ivo Storniolo e Euclides Martins Balancin.

Capítulo II

O Uso dos Salmos

Salmo 1

Aplicações:

- para achar o rumo e permanecer honesto.
- para ser bem-sucedido em algo que se inicia.
- para afastar os injustos de seu caminho.
- para bem compreender as leis do Senhor.
- ao iniciar um projeto ou uma plantação.

Frases de poder:

* Ele é como a árvore plantada na margem das águas correntes: dá fruto na época própria.
* Tudo o que empreende, prospera.
* O caminho dos injustos dará em perdição.

Salmo 2

Aplicações:

- afasta as guerras e os tiranos que oprimem o povo.
- deve ser feito sempre que o povo vai escolher seu governante; é um salmo político.
- para encontrar abrigo no Senhor, recuperando a dignidade.
- para desenvolver a intuição (terceira visão) e os dons de cura.

Frases de poder:

* Pede-me e dar-te-ei, como herança, as nações.
* Deixai-vos instruir, juízes da terra.
* Felizes todos os que nele confiam.

Salmo 3

Aplicações:

- para vencer a oposição.
- para criar uma proteção forte.
- facilita o repouso tranquilo no final do dia.
- para ter Deus como aliado contra os inimigos.
- para conseguir pagar as dívidas.
- ajuda a conseguir as graças mais difíceis.
- facilita a busca da verdade.

Frases de poder:

* Tu, Senhor, és o escudo que me protege.
* Posso deitar-me, dormir e despertar, pois é o Senhor quem me sustenta.
* Tu feres no rosto meus inimigos todos.

Salmo 4

Aplicações:

- este salmo sempre traz ajuda rápida.
- contra os abusos dos poderosos.
- faz o mau cair na sua própria armadilha.
- defesa e proteção, em geral.
- para demonstrar confiança, agradecendo a Deus por ela.
- traz, por merecimento, a concretização dos esforços no trabalho.
- ajuda a afastar as ilusões, criadoras de muitos dos karmas.

Frases de poder:

* O Senhor ouve-me quando o invoco.
* Puseste em meu coração mais alegria.
* Em paz me deito e logo adormeço, porque só tu, Senhor, me fazes viver tranquilo.

Salmo 5

Aplicações:

- contra a mentira e a ignorância.
- para resolver problemas na justiça.
- dá proteção contra os assassinos e contra os assaltantes.
- defesa contra os aduladores.
- ajuda a esperar, confiante, pela intervenção divina, que irá solucionar os problemas.

Frases de poder:

* Pela manhã ouvirás a minha voz, ó Senhor!
* Aplaina diante de mim o teu caminho.
* Pois tu, Senhor, abençoas o justo.

Salmo 6

Aplicações:

- é considerado o principal salmo de cura, seu socorro é rápido.
- tira a dor quando sua oração é feita ao lado de quem sofre.
- afasta a tristeza e o pranto, ajuda o espírito atormentado.
- é demonstração de confiança no Senhor.
- para quem responde a um processo judicial injusto.
- ajuda a descobrir seu dom.
- confunde a testemunha falsa.

Frases de poder:

* Cura-me, ó Senhor!
* O Senhor escutou a minha oração, o Senhor acolheu a minha súplica.
* São confundidos e aterrados todos os meus inimigos.

Salmo 7

Aplicações:

- outro salmo cujo socorro é rápido.
- atende aos problemas espirituais com prontidão.
- protege quando alguém é acusado injustamente.
- este salmo facilita a descoberta de segredos.
- serve para desmascarar os inimigos.
- nas adversidades.

Frases de poder:

* Senhor, meu Deus, eu me abrigo em ti!
* Salva-me de todos os meus perseguidores!
* O meu escudo é Deus, ele salva os que têm o coração reto.

Salmo 8

Aplicações:

- louva o poder de Deus.
- protege as crianças e os bebês.
- cura as doenças dos animais.
- bom salmo para agradecer um favor recebido.
- este salmo é bastante esotérico, sua oração liga o homem às forças do Universo.
- na hora da insônia.

Frases de poder:

* Da boca das crianças e dos que mamam, tu suscitaste força.
* Tu fizeste o homem pouco menos que os anjos.
* Senhor nosso, como é poderoso o teu nome em toda a terra!

Salmo 9

Aplicações:

- ajuda a obter uma solução ou revelação por meio dos sonhos.
- dá orientação quando não se sabe como agir.
- serve para conseguir descobrir sua verdadeira vocação.
- quando a doença de alguém é tida como incurável.
- afasta a pobreza.
- faz os inimigos desistirem da perseguição.
- para resolver algo que está demorando.
- ajuda a escapar ou livra da prisão.
- pode ser feito durante os atos de cura espiritual, prepara o ambiente.
- anula a força das pessoas maldosas.

Frases de poder:

* De todo coração cantarei, Senhor, em teu louvor, proclamando todas as tuas maravilhas!
* Meus inimigos voltam atrás, tropeçam e somem da tua presença.
* Defendeste a minha causa e o meu direito.

Salmo 10

Aplicações:

- defesa nas situações de carência material.
- amparo para os órfãos.
- forma um escudo contra os poderosos.
- afirma a confiança na proteção divina.
- defende das fraudes.
- faz movimentar o que está estagnado.

Frases de poder:

* Levanta-te, Senhor, Deus poderoso, ergue tua mão!
* Tu vês a fadiga e o sofrimento.
* Fazes justiça ao órfão e ao oprimido.

Salmo 11

Aplicações:

- é indicado para as pessoas que viajam, principalmente os que precisam sair de seu país, por dificuldades financeiras ou por perseguição política.
- acalma as tempestades.
- para permanecer firme, no caminho do bem, confiando na justiça.
- nos problemas relacionados com o uso da força e da sexualidade.

Frases de poder

* É junto do Senhor que procuro refúgio.
* O Senhor tem seu trono no céu. Sua vista está atenta, seus olhares observam os filhos dos homens.
* O Senhor é justo e ama a justiça.

Salmo 12

Aplicações:

- ajuda a adquirir confiança em si, faz aflorar na pessoa o verdadeiro potencial, ajudando a manifestar suas qualidades divinas.
- defende da mentira, do orgulho e da corrupção.
- louva as palavras do Senhor.
- ajuda a quem deseja purificar suas palavras.
- para evitar que os familiares usem más palavras.
- numa situação de impedimento, faz aceitar com paciência.

Frases de poder:

* O Senhor extirpará os lábios hipócritas e a língua insolente.
* As palavras do Senhor são palavras sinceras, prata pura, sem nenhuma impureza, sete vezes refinada.
* Tu nos guardarás, Senhor.

Salmo 13

Aplicações:

- quando parece que um inimigo está triunfando sobre nós.
- defende da morte durante o sono.
- ajuda a vencer a atração do vício e qualquer outra tentação.
- quando falta confiança na ajuda divina.

Frases de poder:

* Responde-me, Senhor, Deus meu!
* Que meu inimigo não diga: "Eu o venci!"
* Cantarei ao Senhor pelos benefícios que me concedeu.

Salmo 14

Aplicações:

- contra a confusão mental.
- defesa contra os infiéis.
- para vencer oposição à sua fé ou religião.
- contra os que procedem como se não houvesse a justiça divina.
- apelo humilde para que uma situação negativa mude.

Frases de poder:

* Deus está ao lado dos justos.
* O Senhor é seu refúgio.

Salmo 15

Aplicações:

- este salmo é importante pelas regras morais que decreta.
- ajuda a examinar os atos pessoais e a fazer uma avaliação dos procedimentos passados.
- facilita o pagamento de uma dívida, principalmente se a cobrança é indevida ou os juros são exagerados.
- defende das más línguas e do suborno.

Frase de poder:

* Quem age desse modo, jamais será abalado!

Salmo 16

Aplicações:

- salmo de grande defesa, principalmente contra espíritos perturbados.
- ajuda a encontrar um objeto que está desaparecido.
- facilita as questões com herança.
- ajuda a desenvolver a intuição.
- permite receber ajuda espiritual durante o sono, se ela for invocada.
- afasta o medo da morte.

Frases de poder:

* Guarda-me, ó Deus poderoso, pois em ti busco refúgio!
* Esplêndida é a minha herança.
* Ele está à minha direita, não vacilarei.

Salmo 17

Aplicações:

• é um salmo de grande poder contra o vício, afasta os traficantes do viciado.
• defende a casa contra incêndios e problemas com fogo em geral.
• afasta as acusações injustas.
• tem força nas questões judiciais, desde que a pessoa seja merecedora da vitória.
• faz renascer a esperança.

Frases de poder:

* Firmando meus passos em tuas pegadas, minhas passadas não vacilam.
* Eu clamo a ti, porque me respondes, ó Deus!
* Contemplarei a tua face na justiça.

Salmo 18

Aplicações:

- um salmo de grande poder contra os inimigos espirituais.
- assegura a vitória sempre que ela for merecida.
- favorece o desenvolvimento de dons mediúnicos.
- facilita qualquer ligação com terras estrangeiras.
- ajuda a expressar seu dom verdadeiro.
- sua oração renova as forças físicas, é bom para os convalescentes.
- protege contra a sedução das falsas religiões, dos deuses falsos, das doutrinas escravizadoras.
- evita fraudes.
- para conseguir expressar seu dom.

Frases de poder:

* O Senhor é meu Rochedo, minha fortaleza e meu libertador.

* O Senhor me tratou segundo a minha inocência e retribuiu-me segundo a pureza de minhas mãos.

* Senhor, tu és a minha lâmpada; meu Deus, tu iluminas a minha treva.

* Adestra minhas mãos para o combate.

Salmo 19

Aplicações:

- é um salmo de vitória em todos os níveis.
- abre as situações difíceis no casamento.
- aquele que faz sua prece, deixa as soluções na mão de Deus.
- facilita a eliminação do sentimento de orgulho, que é nocivo.
- induz à meditação.
- este salmo deve ser lido antes de uma luta.

Frases de poder:

* Narram os céus a glória de Deus.
* A lei do Senhor é perfeita, reconforta a alma.
* Aceitai as palavras de meus lábios.

Salmo 20

Aplicações:

- é um dos salmos da vitória, trazendo favorecimentos divinos.
- derrota dos inimigos, mesmo quando parecem triunfar sobre nós.
- nas horas de desânimo.
- contra o mau humor das pessoas que nos cercam.
- para quem está sob pesadas cobranças familiares.

Frases de poder:

* Que lhe dê tudo o que o seu coração deseja, e realize todos os seus projetos!
* Agora reconheço que o Senhor dá a vitória ao seu ungido.
* Eles fraquejaram e foram vencidos; mas nós, de pé, continuamos firmes.

Salmo 21

Aplicações:

- defesa contra os planos dos inimigos.
- pedido para que a vitória alcançada tenha prosseguimento.
- afasta a opressão e o peso da responsabilidade.
- quando existe traição.
- contra o assédio de espíritos malévolos.
- traz aberturas em todos os níveis.
- dá ganho de causa.

Frases de poder:

* Que tua mão, ó rei, apanhe teus inimigos, que tua mão atinja os que te odeiam.
* Se intentarem fazer-te mal, tramando algum plano, não o conseguirão.
* Cantaremos e louvaremos o teu poder.

Salmo 22

Aplicações:

- traz socorro rápido na aflição.
- mantém a fé dentro do lar, aproxima os familiares.
- serve para pedir bens materiais.
- facilita o nascimento dos bebês e o aleitamento materno.
- para ser aceito na comunidade.
- quando existe irresponsabilidade.
- felicidade conjugal.

Frases de poder:

* Em ti confiaram nossos pais e tu os livraste.
* Fui entregue a ti desde o nascimento, desde o ventre materno tu és o meu Deus.
* Força minha, vem socorrer-me depressa!

Salmo 23

Aplicações:

- é o salmo da confiança e da entrega a Deus.
- afasta a insegurança da alma.
- entrega a Deus os problemas, confiando na sua solução.
- traz o amor e a harmonia para a vida.
- demonstra a confiança na provisão das necessidades materiais.

Frases de poder:

* O Senhor é meu pastor, nada me faltará.
* Ainda que eu atravesse o vale escuro, nada temerei.
* Habitarei na casa do Senhor por longos dias.

Salmo 24

Aplicações:

- favorece todo tipo de aberturas.
- facilita a vitória.
- ajuda a recuperar bens familiares.
- afasta as ameaças e a derrota.
- aplica-se aos juramentos não cumpridos.

Frases de poder:

* Ao Senhor pertence a terra e tudo o que ela contém.
* Essa é a geração dos que procuram o Senhor.

Salmo 25

Aplicações:

- perdão dos erros cometidos.
- para afastar a solidão.
- ajuda a escapar de armadilhas.
- defesa em uma questão que está sendo julgada.
- afasta os inimigos que ameaçam de morte.
- usado para encontrar uma pessoa desaparecida.

Frases de poder:

* Ó Deus meu, em ti confio!
* Mostra-me os teus caminhos, Senhor, ensina-me as tuas veredas.
* As veredas do Senhor são todas amor e verdade.

Salmo 26

Aplicações:

- afasta os ladrões, evita assaltos.
- proteção contra todo tipo de traição.
- mantém a casa livre de presenças negativas.
- ajuda a afastar amigos mal-intencionados.
- dá força nos momentos de adversidade.
- ajuda a manter o emprego.

Frases de poder:

* No Senhor confio sem hesitar.
* Senhor, eu amo a beleza de tua casa e o lugar onde reside a tua glória.
* Meu pé está firme no caminho reto.

Salmo 27

Aplicações:

- afasta o medo.
- defesa para crianças abandonadas pelos pais.
- afasta as más companhias, os inimigos e os adversários.
- derrota os opositores dando a eles o castigo justo.
- desmascara a testemunha falsa.
- para encontrar abrigo, asilo ou refúgio nos momentos de infelicidade, bem como nas horas de necessidade.

Frases de poder:

* Meu coração não tremerá!
* Ele me oculta na sua cabana, no dia da infelicidade.
* O teu rosto, Senhor, buscarei.
* Espera no Senhor, anima-te, e ele fortalecerá o teu coração.

Salmo 28

Aplicações:

- pede retorno segundo o merecimento.
- cria proteção contra malefícios.
- facilita as questões relacionadas com salário.
- para resolver questões de herança.

Frases de poder:

* Retribuí-lhes segundo a obra de suas mãos; dai-lhes o que merecem.
* O Senhor é minha força e meu escudo, nele confia o meu coração.
* Abençoa a tua herança!

Salmo 29

Aplicações:

- nas horas das tempestades.
- ajuda a desenvolver o respeito entre pais e filhos.
- para obter tranquilidade na comunidade.
- para defender casa e ponto comercial do fogo.

Frases de poder:

* Adorai o Senhor na beleza da sua santidade.
* O Senhor trovejou sobre as águas imensas!
* A voz do Senhor despede relâmpagos.
* O Senhor abençoará o seu povo, dando-lhe a paz!

Salmo 30

Aplicações:

- um forte salmo para os problemas de saúde.
- assegura uma velhice sadia, é o salmo da longevidade.
- afasta os transtornos causados pela inveja alheia.
- quando se está triste e ou preocupado ao fim do dia.
- agradecimento ao escapar da morte.

Frases de poder:

* Senhor, meu Deus, clamei a vós e fui curado.
* Pela tarde vem o pranto, mas, de manhã, volta a alegria.
* Não serei jamais abalado.
* Convertestes o meu pranto em prazer.

Salmo 31

Aplicações:

- proteção contra calúnias e falatórios.
- afasta os maus espíritos.
- desfaz qualquer sortilégio ou feitiço.
- livra dos perseguidores e inimigos, destrói o poder deles.
- grande força na defesa física.

Frases de poder:

* Tira-me da rede que armaram para mim.
* Livra-me do poder de meus inimigos e daqueles que me perseguem.
* Emudeçam os lábios mentirosos.

Salmo 32

Aplicações:

- é o salmo do perdão; é feito para pedir e obter perdão.
- ajuda a aprender sobre as reais necessidades da alma.
- quando se deseja manter algo em segredo.
- traz a absolvição do erro, quando existe sincero arrependimento.
- facilita o controle dos impulsos negativos.
- anula qualquer tipo de maldade.

Frases de poder:

* Tu absolveste o meu delito, perdoaste o meu pecado.
* De jubilosos cantos de libertação tu me circundas.
* Deve-se avançar para domá-los sem que se aproximem de você.

Salmo 33

Aplicações:

- atrai a prosperidade.
- para conseguir força, perseverando até alcançar um objetivo.
- ajuda a afastar a mentira.
- nas questões de justiça.
- afasta os acidentes de trânsito.
- para quem cumpre pena injusta.
- faz aprender rápido aquilo que está difícil de estudar.

Frases de poder:

* Ele ama a retidão e a justiça.
* Só os desígnios do Senhor permanecem eternamente e os pensamentos de seu coração, por todas as gerações.
* Lá dos céus olha o Senhor, vê todos os filhos dos homens.

Salmo 34

Aplicações:

- favorece qualquer aprendizagem, ajuda aqueles que precisam estudar.
- para se defender das mentiras e dos falatórios.
- traz confiança para bem desempenhar suas tarefas.
- aproxima um anjo.
- para viver bem com todos.

Frases de poder:

* O anjo do Senhor acampa ao redor dos que o temem, e os liberta.
* Filhos, cheguem perto e me escutem: vou ensinar a vocês o temor do Senhor.
* Guarda tua língua do mal, e teus lábios das palavras enganosas.

Salmo 35

Aplicações:

- grande defesa pessoal contra inimigos carnais e espirituais.
- proteção da casa e dos animais domésticos.
- castigo e arrependimento para o criminoso.

Frases de poder:

* Recuem humilhados os que tramam minha desgraça.
* Que não se alegrem à minha custa meus inimigos traidores.
* Glorificado seja o Senhor, que quis a salvação de seu servo!

Salmo 36

Aplicações:

- ajuda a receber um dinheiro que nos devem.
- é um salmo de fertilidade, ajuda a engravidar.
- para a defesa dos animais.
- contra uma ação de despejo injusta.

Frases de poder:

* Socorres a homens e animais.
* Em ti se encontra a fonte da vida, e com a tua luz nós vemos a luz.
* Não me calque o pé do orgulhoso, não me faça fugir a mão do pecador.

Salmo 37

Aplicações:

- promove todas as mudanças necessárias.
- ajuda a ter a casa própria.
- favorece a memória.
- ampara os que fazem um teste.
- salmo forte, cujas regras morais precisam ser estudadas e seguidas pelo homem que deseja evoluir espiritualmente.
- torna os empreendimentos sólidos.
- não deixa o inocente ser condenado.

Frases de poder:

* Confia ao Senhor a tua sorte, espera nele: e ele agirá.
* Aparta-te do mal e faze o bem, para que permaneças para sempre.
* A boca do justo fala com sabedoria.
* O Senhor não o abandonará em suas mãos, e quando for julgado, não o condenará.
* Há prosperidade para o homem pacífico.

Salmo 38

Aplicações:

- socorro na doença e na depressão.
- para fortalecer a memória.
- ao viver uma situação cármica pesada.
- traz de volta os amigos e os parentes.

Frases de poder:

* Senhor, meu Deus, tu me responderás!
* Não se alegrem com minha perda.

Salmo 39

Aplicações:

- para pedir perdão por más palavras.
- ajuda a quem está fazendo um aprendizado.
- resolve problemas com hóspedes e inquilinos.
- avisa quando é chegada a hora da morte.
- facilita todos os assuntos de memória e inteligência.

Frases de poder:

* Vou vigiar minha conduta, para não pecar com a língua.
* Fazei-me conhecer, Senhor, o meu fim.
* Em ti é que está minha esperança.
* Castigando o erro, tu educas o homem.

Salmo 40

Aplicações:

- auxílio para quem presta concurso ou vestibular, e quer ver seu nome na lista dos aprovados.
- para quem sente que decaiu, evita a decadência.
- apoio para seguir as leis de Deus.

Frases de poder:

* Colocou meus pés sobre a rocha e firmou os meus passos.
* Aqui estou para fazer a tua vontade.
* Meu Deus, eu quero ter a tua lei dentro de minhas entranhas.

Salmo 41

Aplicações:

• para afastar a traição.
• numa situação de desespero.
• para quem está doente no leito se curar e levantar-se.

Frases de poder:

* O Senhor o guarda e o mantém vivo.
* Senhor, tem piedade de mim!
* Senhor, tem piedade de mim! Faze que eu possa levantar-me.
* Quanto a mim, tu me conservas íntegro.

Salmo 42

Aplicações:

• para a alma abatida.
• alivia as angústias do exílio.
• conduz à casa de Deus.
• para encontrar um amor.
• nos assédios espirituais.

Frases de poder:

* Minha alma tem sede de Deus, do Deus vivo.
* Conceda-me o Senhor de dia a sua graça; e de noite eu cantarei, louvarei o Deus de minha vida.
* Por que te deprimes, ó minha alma, e te inquietas dentro de mim?

Salmo 43

Aplicações:

- para pedir qualquer tipo de orientação espiritual.
- para descobrir a verdade.
- defesa contra a guerra.
- para encontrar um bom advogado.

Frases de poder:

* Fazei-me justiça, ó Deus, e defendei a minha causa.
* Envia tua luz e tua verdade: elas me guiarão.

Salmo 44

Aplicações:

- nos momentos de sofrimento de uma nação.
- súplica por dias melhores.
- defesa contra o saque e contra sequestros.
- para fazer boas alianças.

Frases de poder:

* Nos livrastes de nossos inimigos e confundistes os que nos odiavam.
* Nossos passos não se desviaram do teu caminho.
* Resgata-nos, por teu amor!

Salmo 45

Aplicações:

- é o salmo da beleza e da arte, que beneficia, protegendo os artistas e as pessoas, com beleza física.
- favorece e aproxima as festas, principalmente as de casamento, e as diversões.
- amparo da descendência, para que ela se cubra de glórias.

Frases de poder:

* Deus o ungiu com perfume de festa.
* O rei se apaixonou por sua beleza.
* Virão seus filhos e você os nomeará príncipes sobre toda a terra.

Salmo 46

Aplicações:

- reforça a fé.
- nos terremotos e maremotos.
- defesa contra a guerra.
- desperta a energia para a luta.

Frases de poder:

* Deus é nosso refúgio e nossa força, defensor sempre alerta nos perigos.
* Reprimiu as guerras em toda a extensão da terra.
* O Senhor dos Exércitos está conosco.

Salmo 47

Aplicações:

- para haver harmonia entre os dirigentes das nações.
- salmo de proteção para os músicos.
- para os alpinistas e também para todos que desejam subir.

Frases de poder:

* Porque Deus é o rei do universo; entoai-lhe, pois, um hino!
* Os príncipes dos povos se aliam.
* E ele subiu ao lugar mais alto.

Salmo 48

Aplicações:

- facilita os assuntos na justiça.
- facilita os estados meditativos.
- pedido de continuidade da paz nas gerações futuras.

Frases de poder:

* Ó Deus, nós meditamos no teu amor.
* A tua mão direita está cheia de justiça.

Salmo 49

Aplicações:

- este salmo valoriza o "ser", dando menos importância ao "ter".
- para escapar da morte.
- desenvolve a inteligência.

Frases de poder:

* Não permanecerá o homem que vive na opulência.
* Deus resgata a minha vida, tira-me das garras da morte.
* O homem que vive na opulência e não reflete, é semelhante ao gado que se abate.

Salmo 50

Aplicações:

- defesa dos animais selvagens e domésticos.
- resolve assuntos entre irmãos.
- endireita o caminho que se deve trilhar.
- desenvolve a disciplina.
- estimula a confissão.

Frases de poder:

* Invoque-me no dia da angústia: eu o livrarei e você me glorificará.
* Ao que procede retamente, a este eu mostrarei a salvação de Deus.

Salmo 51

Aplicações:

- salmo de purificação, traz o arrependimento dos pecados.
- lava a alma.
- dá poder às palavras.
- afasta espíritos negativos.

Frases de poder:

* Lava-me e eu ficarei mais alvo que a neve.
* Esconde dos meus pecados a tua face, e apaga toda a minha culpa.
* Cria em mim, Deus, um coração puro e renova no meu peito um espírito reto.
* Minha língua cantará a tua justiça.

Salmo 52

Aplicações:

- contra as ciladas e a mentira.
- afasta as pessoas de má índole.
- não permite ser atingido por intrigas e maledicências.

Frases de poder:

* Os justos o verão e tremerão.
* Sou como oliveira verde na casa de Deus: confio em sua misericórdia para sempre, eternamente.
* Vou proclamar seu nome, porque ele é bom.

Salmo 53

Aplicações:

- contra a opressão, alivia as cobranças exageradas no trabalho e na família.
- defesa contra ladrões.
- força para defender-se de agressões físicas.
- devolve o mal a quem tenta nos atingir.

Frases de poder:

* Do céu Deus se inclina sobre os filhos de Adão.
* Deus espalhou os ossos daquele que cercava.

Salmo 54

Aplicações:

- derrota todos os inimigos, dando-lhes o castigo devido.
- afasta a angústia.
- faz receber o que é justo.
- eleva o nível de consciência.

Frases de poder:

* Salva-me, ó Deus, por teu nome!
* Faze-me justiça, pelo teu poder.
* Fazei recair o mal em meus adversários.
* Contemplei a derrota dos meus inimigos.

Salmo 55

Aplicações:

- favorece as viagens de avião.
- ampara os amigos e orientadores.
- evita o mal trazido pelas más palavras.
- defesa em geral.

Frases de poder:

* Tivesse eu asas como a pomba, voaria para um lugar de repouso.
* Suas palavras parecem suaves como o óleo, porém são espadas desembainhadas.
* E tu, ó Deus, tu os farás descer ao fundo do poço!

Salmo 56

Aplicações:

- salmo de grande defesa, sua proteção é acentuada contra espíritos malignos.
- evita o medo e a dúvida.
- afasta qualquer risco de vida.
- limpeza dos que se envolveram com feitiçaria e magia negra.

Frases de poder:

* Tem misericórdia de mim, ó Deus!
* Meus inimigos recuarão quando eu te invocar.
* Livrastes da morte a minha vida, e da queda preservastes os meus pés, para que eu ande na presença de Deus, na luz dos vivos.

Salmo 57

Aplicações:

- defesa contra a traição.
- proteção contra ataques de animais.
- amparo na hora do julgamento, para conseguir a simpatia do juiz.
- faz o amor fiel.

Frases de poder:

* Em ti minha alma se refugia e à sombra de tuas asas me encolho.
* Do céu ele enviará a salvação, confundindo os que me atormentam!
* O teu amor é maior do que o céu e a tua fidelidade alcança as nuvens.

Salmo 58

Aplicações:

- salmo de grande poder sobre os assuntos de justiça.
- atrai aquilo que se parece ter por direito.
- reverte uma maldição.
- contra os assassinos.
- para escapar do fascínio, da força de um encantamento.
- para evitar mordida de cobras.

Frase de poder:

* Sim, há uma recompensa para o justo, porque existe um Deus que faz justiça sobre a terra.

Salmo 59

Aplicações:

- defesa contra emboscadas.
- para frustrar os planos dos opositores.
- numa revolução social.
- castigo para os insolentes, mentirosos, orgulhosos.

Frases de poder:

* Que o teu amor vá na frente, ó Deus, e me faça ver a derrota dos que me espreitam.
* Fiquem presos no seu orgulho, na mentira e na maldição que proferem.

Salmo 60

Aplicações:

- súplica no exílio.
- prepara a vitória futura.
- defesa nos terremotos.
- aliança divina.
- tira o prisioneiro da cadeia.

Frases de poder:

* Para que teus amados sejam libertos.
* Com o auxílio de Deus faremos proezas.

Salmo 61

Aplicações:

- para encontrar abrigo.
- defesa contra maus empregados.
- para quem perdeu uma posição ou cargo importante.
- evita problemas com herança.

Frases de poder:

* Tu és o meu refúgio, minha torre forte diante do inimigo.
* Que ele reine para sempre na presença de Deus.

Salmo 62

Aplicações:

- favorece e protege as construções.
- evita roubos das mercadorias dos comerciantes.
- defende quem alcançou um posto importante.

Frases de poder:

* Só ele é meu rochedo e minha salvação; minha fortaleza: jamais vacilarei.
* Tu pagas a cada um conforme suas obras.

Salmo 63

Aplicações:

- para quem tem dificuldade para se levantar cedo.
- atrai a chuva em épocas de seca.
- facilita os trabalhos de mineração e pesquisa subterrânea.
- castigo para as falsas testemunhas.

Frases de poder:

* Tu és o meu Deus, por ti madrugo.
* À sombra de tuas asas canto de júbilo.
* Minha alma está ligada a ti, e tua direita me sustenta.
* A boca dos mentirosos será tapada.

Salmo 64

Aplicações:

- faz descobrir ciladas e armadilhas.
- retorna a maledicência à fonte, castigando o seu autor.
- para observar com clareza os atos dos inimigos.

Frases de poder:

* Protege minha vida do terrível inimigo.
* Sua própria língua os leva à ruína.

Salmo 65

Aplicações:

- traz a chuva e seus benefícios; propicia uma boa colheita.
- ajuda a entender os sinais divinos.
- bom para ser feito no início do ano.
- proteção dos rios.
- descobre a vocação.

Frases de poder:

* Os habitantes de terras longínquas temem diante dos teus sinais.
* Tu fazes gritar de alegria as portas da aurora e do poente.
* Coroas o ano com teus bens.
* Os campos se cobrem de rebanhos e os vales se vestem de espigas.

Salmo 66

Aplicações:

- para purificar-se.
- para ter uma promessa cumprida.
- aproxima uma época de prosperidade.
- dá segurança.

Frases de poder:

* Ó Deus, tu nos provaste e nos refinaste como refinam a prata.
* Passamos pelo fogo e pela água; mas, por fim, nos deste alívio.
* Cumpro minhas promessas feitas a ti.
* Se eu tivesse más intenções o Senhor não me teria atendido.

Salmo 67

Aplicações:

- para a prosperidade dos negócios.
- para obter boas colheitas.
- na hora do julgamento.
- força para os que estão desesperados ou aprisionados.

Frases de poder:

* Deus tenha piedade de nós e nos abençoe.
* Julgas o mundo com justiça.
* A terra produziu o seu fruto: é o Senhor, nosso Deus, que nos abençoa.

Salmo 68

Aplicações:

- para conseguir casa própria.
- para formar uma família.
- tira da cadeia.
- afasta traição e calúnias.
- no desânimo.

Frases de poder:

* Eles se dissipam como a fumaça.
* Deus dá aos marginalizados uma casa, liberta os cativos.
* Deus leva nossas cargas.

Salmo 69

Aplicações:

- defesa contra afogamento para os nadadores.
- contra acusação falsa de roubo.
- harmonia e reconciliação entre irmãos.
- para conseguir pagar uma dívida.
- para obter empréstimo.

Frases de poder:

* Salva-me, ó Deus, pois a água está chegando ao meu pescoço.
* Porventura posso restituir o que não roubei?
* Tornei-me um estranho para meus irmãos.

Salmo 70

Aplicações:

- traz socorro rápido.
- defende das perseguições.
- afasta a pobreza.

Frases de poder:

* Fiquem envergonhados e confundidos os que me desejam mal.
* Tu és o meu auxílio e salvação. Senhor, não demores!

Salmo 71

Aplicações:

- resolve o problema mais difícil.
- facilita o sucesso de uma cirurgia.
- traz ajuda com rapidez.
- defende dos criminosos e da violência.
- faz com que os inimigos sejam desmascarados, devolve-lhes o mal.
- ajuda a esperar por ajuda com confiança.
- para aprender.
- confunde a mente dos opositores.

Frases de poder:

* Sejas tu a minha rocha de refúgio, a fortaleza onde eu me salve.
* Meu Deus, livrai-me das mãos do iníquo, das garras do inimigo e do opressor.
* Não me abandones quando me faltam as forças.
* Sejam confundidos e pereçam os que atentam contra minha vida.
* Ó Deus, tu me instruíste desde a minha juventude.

Salmo 72

Aplicações:

- para a fartura.
- prolonga as bênçãos recebidas.
- traz a chuva.
- quando se precisa de grandes quantias ou ouro.
- louvação a Deus.
- paz e justiça.

Frases de poder:

* Produzam os montes paz para o povo; e as colinas frutifiquem em justiça.
* Que seus rivais se inclinem diante dele e seus inimigos lambam o pó.
* Haverá na terra fartura de trigo.

Salmo 73

Aplicações:

- para alcançar a compreensão.
- para voltar a confiar em Deus.
- contra os fanáticos, que não aceitam outras crenças.
- para conservar o coração puro.

Frases de poder:

* Tu me guias com o teu conselho e com glória me conduzes.
* Contigo, nada mais me satisfaz na terra.
* Estou feliz de estar com Deus e em Deus colocar meu abrigo.

Salmo 74

Aplicações;

- nas situações em que falta a liberdade.
- quando há dificuldade para conseguir papéis ou documentos.
- é um salmo que estabelece ligação com os poderes da natureza.
- para encontrar uma fonte de água, para abertura de poços.
- vitória nas questões da justiça.

Frases de poder:

* O dia te pertence e tua é a noite.
* Levanta-te, ó Deus! Advoga a tua própria causa.

Salmo 75

Aplicações:

- para afastar a injustiça social.
- agradecimento ou louvor.
- mostra a alternância da sorte, fazendo ver que nada é para sempre. Nem o bem nem o mal duram eternamente.

Frases de poder:

* Nós te celebramos invocando o teu nome e contando as tuas maravilhas.
* Deus é o juiz; a um ele abate, a outro exalta.
* O poder dos justos será exaltado.

Salmo 76

Aplicações:

- nas manifestações violentas da natureza, com os terremotos, ventanias, inundações.
- para acalmar a ira de Deus.
- para receber alívio nas horas de crise.
- afasta os espíritos que perturbam o sono.

Frases de poder:

* Quem pode resistir à tua frente, quando ficas irado?
* Os que escapam ao castigo te rodearão.

Salmo 77

Aplicações:

- para conseguir adormecer; afasta a insônia.
- quando as lembranças do passado voltam constantemente, trazendo inquietação à alma.
- para crianças que têm medo de raios e trovões.
- para fazer um pedido quase impossível de obter.

Frases de poder:

* Elevo minha voz a Deus para que ele me atenda.
* Sim, eu recordarei teus prodígios de outrora.
* Tu és o Deus que opera maravilhas.

Salmo 78

Aplicações:

- favorece a quem precisa ensinar, protege os professores.
- dá às novas gerações consciência da importância dos mais velhos.
- para obter de Deus o perdão ao pecar contra Sua lei.
- quando faltar alimento em casa.
- para fazer boas alianças ou uma sociedade favorável.
- torna os filhos obedientes.
- para qualquer dificuldade com os filhos.

Frases de poder:

* Escuta, ó meu povo, minha doutrina.
* Não se esqueçam dos feitos de Deus e observem os seus mandamentos.
* Deus mandou-lhes provisões em fartura.

Salmo 79

Aplicações:

- para afastar a inveja e a inimizade dos vizinhos.
- para evitar a formação de karmas familiares.
- salvação dos condenados à morte.
- evita as zombarias.

Frases de poder:

* Não recordes contra nós as faltas de nossos antepassados.
* Salva os condenados à morte.
* Aos nossos vizinhos devolve sete vezes a afronta com que te afrontaram, Senhor!

Salmo 80

Aplicações:

- para ter seu talento reconhecido.
- destaque na profissão.
- para ter plantas viçosas.
- defesa para os que possuem uma missão espiritual.
- dá inspiração.

Frases de poder:

* Vem visitar tua vinha, a muda que a tua direita plantou e que tornaste vigorosa.
* Que tua mão proteja o teu escolhido.

Salmo 81

Aplicações:

- festeja a Lua Cheia.
- para que os menos experientes escutem o conselho dos sábios.
- alívio para as obrigações excessivas.
- para aprender com facilidade línguas estrangeiras.
- dá mais força para os esotéricos.

Frases de poder:

* Ressoai a trombeta na Lua Nova, na Lua Cheia, dia de grande festa.
* Eu removi a carga de seus ombros.
* Eu alimentaria você com a flor do trigo e o saciaria com o mel do rochedo.

Salmo 82

Aplicações:

- advertência para quem se julga poderoso.
- defesa para os humildes e pobres.
- ajuda a fazer o que é certo.

Frase de poder:

* Levanta-te, ó Deus! Julga a terra, porque a ti compete a posse de todas as nações.

Salmo 83

Aplicações:

- para induzir o descrente à fé.
- defende o país das conspirações dos povos vizinhos.
- para ouvir o conselho de um bom sacerdote.
- defesa contra as religiões que exploram a fé.

Frases de poder:

* Todos em acordo conspiram e fazem aliança contra ti.
* Trata-os como folhas que voam, como a palha diante do vento.

Salmo 84

Aplicações:

- para encontrar uma casa para morar.
- para receber dádivas materiais.
- ao partir para uma peregrinação, indo viajar.
- ao sair para cumprir uma promessa.

Frases de poder:

* Até o pássaro encontrou uma casa, e a andorinha um ninho.
* Quando atravessam vales áridos, eles os transformam em oásis.

Salmo 85

Aplicações:

- traz boa colheita.
- para a paz.
- ajuda a afastar a insegurança e o temor.
- demonstra confiança de que merece receber as bênçãos de Deus.

Frases de poder:

* A bondade e a fidelidade outra vez se irão unir, a justiça e a paz de novo se darão as mãos.
* O Senhor nos dará a chuva e nossa terra dará o seu fruto.
* A justiça caminhará diante dele, e a felicidade lhe seguirá os passos.

Salmo 86

Aplicações:

- socorro e consolo para quem sofre.
- mãe pede defesa para o filho, que seja salvo dos perigos.
- vitória e humilhação dos inimigos.
- para receber sinais.

Frases de poder:

* Tu és grande e fazes maravilhas.
* Salva o filho da tua serva.
* Realiza para mim um sinal de bondade: meus inimigos verão e ficarão envergonhados.

Salmo 87

Aplicações:

- é o salmo que faz descobrir a verdade, esclarece qualquer segredo.
- para obter o reconhecimento da filiação, quando o pai não quer reconhecer legalmente o filho.
- para quem foi abandonado.
- estimula nos filhos a obediência aos pais.
- liberta da depressão.
- ajuda a curar vício.

Frases de poder:

* O Senhor inscreve os povos no registro: "Este homem nasceu aí".
* Em ti se encontram todas as minhas fontes.

Salmo 88

Aplicações:

- para os prematuros e as crianças que nascem fracas.
- quando os amigos e parentes se afastaram.
- para a cura da alma.
- pedido aflito de socorro.
- defesa para quem tem posição de comando.
- salmo dos escritores e jornalistas.

Frases de poder:

* Senhor, meu Deus, de dia clamo a vós, e de noite vos dirijo o meu lamento.
* Que minha prece chegue a ti.

Salmo 89

Aplicações:

- favorece a fidelidade entre os esposos.
- aproxima os anjos.
- forma um escudo de proteção nas horas críticas.
- dá sabedoria e calma na hora de agir.
- faz os filhos terem amor ao trabalho.

Frases de poder:

* Anunciarei de geração em geração a tua fidelidade.
* Manterei teu trono em todas as gerações.
* Teu braço é poderoso.
* Não o há de surpreender o inimigo, nem ousará oprimi-lo o malvado.

Salmo 90

Aplicações:

- atrai a boa sorte.
- para ver o resultado de nosso trabalho.
- facilita a execução de obras.
- quando se tem de sair à noite, para evitar os riscos.
- defesa contra sonhos ruins, visões e pesadelos.
- em todas as adversidades.
- protege contra acidente ou roubo de carro.
- afasta a inveja.

Frases de poder:

* Que os teus servos vejam a tua obra, e os filhos deles o teu esplendor.
* Que a bondade do Senhor venha sobre nós e confirme a obra de nossas mãos.

Salmo 91

Aplicações:

- é considerado o salmo que protege o lar contra os assaltantes e o roubo.
- contra a mentira.
- proteção contra as pestes e as epidemias.
- defesa quando se está fora de casa.
- afasta os obstáculos que podem impedir o sucesso.
- para encontrar um tesouro.

Frases de poder:

* Nenhum mal te atingirá, nenhum flagelo chegará à tua tenda.
* Ele ordenou aos seus anjos que o guardem em seus caminhos.
* Eles te sustentarão em suas mãos, para que não tropeces em alguma pedra.
* Na angústia estarei com ele.

Salmo 92

Aplicações:

- ajuda aos inventores e aos projetistas.
- quando falta energia e vigor.
- defende dos bandidos, dos que vivem fora da lei.
- ajuda a perceber o mal.

Frases de poder:

* Como são grandes tuas obras, Senhor, e teus projetos como são profundos!
* Meus olhos veem os inimigos com desprezo e meus ouvidos ouvem com prazer.
* Mesmo na velhice dará fruto, estará viçoso e frondoso.

Salmo 93

Aplicações:

- cria estabilidade em qualquer assunto (amor, dinheiro, trabalho e saúde).
- afasta a vingança, pois assusta o vingador.
- quando existe ameaça real.

Frases de poder:

* Desde a eternidade tu existes.
* Mais poderoso que a voz das grandes águas, mais poderoso que os vagalhões do mar, mais poderoso é o Senhor nas alturas do céu.

Salmo 94

Aplicações:

- afasta os atos de vingança e os vingadores.
- defesa das viúvas, dos órfãos e dos estrangeiros.
- para facilitar a educação dos filhos.
- ajuda a evitar as preocupações excessivas.
- anula a decisão de um tribunal injusto.
- contra a falta de fé.

Frases de poder:

* O Senhor conhece os pensamentos dos homens, sabe que são vãos.
* Quando me parece que vou tropeçar, o teu amor me sustenta, Senhor.
* Quando minhas preocupações se multiplicam, tuas consolações me alegram.
* Ele os fará perecer por sua própria malícia.

Salmo 95

Aplicações:

- quando vamos visitar um lugar sagrado.
- para haver harmonia na terra e no mar.
- para obter o merecido repouso.
- para uma geração reparar os erros daquela que a antecedeu.

Frases de poder:

* Dele é o mar, ele o criou; assim como a terra firme, obra de suas mãos.
* Aquela geração me desgostou por quarenta anos.
* Jamais entrarão no meu repouso.

Salmo 96

Aplicações:

- limpa qualquer lugar de energias negativas.
- proteção para as árvores.
- quando se busca receber a iluminação.
- fertilidade nos campos.

Frases de poder:

* Regozijem-se os campos e tudo o que existe neles. Jubilem todas as árvores das florestas.
* Ele vem para governar a terra.

Salmo 97

Aplicações:

- louva os poderes de Deus, trazendo força e justiça.
- grande proteção por merecimento.
- luz e alegria para a alma.
- para a queda dos inimigos.
- felicidade conjugal, com paz e união entre os esposos.

Frases de poder:

* Ele é precedido por um fogo, que devora em redor os inimigos.
* O Senhor ama quem detesta o mal, ele protege a vida dos seus fiéis.
* A luz resplandece para o justo, e a alegria é concedida ao homem de coração reto.

Salmo 98

Aplicações:

- anuncia a chegada do Reino de Deus.
- favorece a reconciliação conjugal.
- quando um dos esposos abandona o lar, facilita o seu retorno.
- induz fidelidade.
- para receber os benefícios da natureza.

Frases de poder:

* Sua mão e seu santo braço lhe deram a vitória.
* Lembrou-se do seu amor e fidelidade.
* Ele governará a terra com justiça e os povos com equidade.

Salmo 99

Aplicações:

- para obter ajuda dos querubins e outros anjos.
- abranda a ira dos adversários.
- para adorar o Senhor.

Frases de poder:

* Seu trono está sobre os querubins: vacila a terra.
* Foste para eles um Deus de perdão.
* O Senhor nosso Deus é santo!

Salmo 100

Aplicações:

- acalma as ambições exageradas.
- exalta o amor a Deus.
- faz com que os empregados sejam leais.

Frases de poder:

* Ele nos fez e a ele pertencemos.
* Entrem por suas portas dando graças.
* O Senhor é bom; sua misericórdia é eterna.

Salmo 101

Aplicações:

- afasta os intrigantes e mentirosos.
- mantém afastados do lar os homens sem moral.
- para enfrentar as situações adversas.
- quando alguém na casa está andando em más companhias.

Frases de poder:

* Andarei de coração íntegro dentro da minha casa.
* Em minha casa não habitará quem pratica fraudes.
* Quem fala mentiras não permanecerá diante dos meus olhos.

Salmo 102

Aplicações:

- traz socorro rápido em qualquer situação.
- para trazer de volta o apetite.
- para quem deseja ter filhos.
- é indicado para um desempregado conseguir emprego.

Frases de poder:

* Inclina teu ouvido para mim, e no dia em que eu te invoco, responde-me depressa!
* Os filhos de teus servos viverão seguros e a descendência deles se manterá na tua presença.

Salmo 103

Aplicações:

- desenvolve a paciência.
- mantém o espírito jovem.
- aproxima um anjo que traz proteção e favorecimento.
- facilita a cura da alma e do corpo.
- induz harmonia entre pais e filhos.

Frases de poder:

* Ele cumula de benefícios a tua vida, e renova a tua juventude como a da águia.
* Sua justiça se estende aos filhos de seus filhos.
* Bendigam ao Senhor, anjos seus, executores poderosos de suas ordens, obedientes ao som da sua palavra.

Salmo 104

Aplicações:

- é um salmo cheio de força esotérica, favorecendo os poderes por meio dos quatro elementos: fogo, terra, ar e água.
- dá aberturas e retorno material dos esforços no trabalho.
- ajuda a aceitar o destino.
- traz ligação com a natureza.
- nos casos de invasão de terras, evita que sejam perdidas.

Frases de poder:

* Tu fazes dos ventos teus mensageiros e das chamas de fogo teus ministros.
* Marcaste um limite que elas não podem transpor.
* Abres tua mão e se saciam de bens.

Salmo 105

Aplicações:

- faz voltar o marido.
- favorece e protege as sociedades.
- defesa contra as pragas.
- para encontrar água ao abrir um poço.
- para conseguir um bom advogado, que livre do problema.

Frases de poder:

* Ele se lembra eternamente de sua aliança, da palavra que empenhou há mil gerações.
* O rei mandou soltá-lo; o senhor dos povos o livrou.
* E os fartou com o pão vindo do céu.
* Fendeu a rocha e brotaram águas.

Salmo 106

Aplicações:

- para os que se envolverem com cultos perniciosos ou magia negra.
- quando há resgate de karmas familiares.
- cura da alma afligida por erros passados.
- os sete pecados capitais são perdoados a quem se arrepende verdadeiramente.
- conservação da paz.

Frases de poder:

* Feliz quem observa o direito e pratica a justiça em todo o tempo!
* Salva-nos, Senhor nosso Deus!

Salmo 107

Aplicações:

- é capaz de reverter qualquer situação negativa.
- nas épocas de fome e falta de água.
- nas viagens por mar ou nas horas de tempestades em alto-mar, evita o naufrágio.
- salmo da fertilidade nas plantações e nos rebanhos.
- favorece as explorações marítimas e submarinas.

Frases de poder:

* Na sua aflição clamaram para o Senhor e ele os libertou de suas angústias.
* Ele enviou sua palavra para curá-los.
* Ficaram alegres com a bonança, e ele os guiou ao porto desejado.
* Toda a maldade deve fechar a boca.

Salmo 108

Aplicações:

- dá a vitória nas lutas.
- forma alianças contra um inimigo comum.
- quando toda a ajuda humana parece impossível.
- facilita o amor e a fidelidade a Deus.

Frases de poder:

* Meu coração está firme, ó Deus!
* Dai-nos auxílio contra o inimigo, porque é vão qualquer socorro humano.
* Com Deus faremos proezas, ele esmagará os nossos inimigos.

Salmo 109

Aplicações:

- defende das palavras de acusação e das maldições que nos lançam.
- para o criminoso pagar pelos seus crimes e ter que responder à justiça.
- nos jejuns.
- devolve o mal que nos desejam.
- confunde os maus.
- faz os jurados absolverem o réu inocente.
- dissolve vínculos kármicos recentes.

Frases de poder:

* Deus do meu louvor, não te cales, pois uma boca maldosa e traiçoeira abriu-se contra mim.
* Que o Senhor pague assim os que me acusam, os que proferem o mal contra mim!
* Liberta-me, pela ternura do teu amor.

Salmo 110

Aplicações:

- defesa dos sacerdotes e dos que trabalham com oráculos.
- os inimigos serão submetidos.
- para o humilhado levantar sua cabeça.

Frases de poder:

* Eu farei de seus inimigos o estrado de seus pés.
* Beberá da torrente no caminho; por isso erguerá a sua fronte.

Salmo 111

Aplicações:

- dá força às palavras.
- para a justiça e a verdade triunfarem.
- ajuda a obter a sabedoria.
- mantém estáveis as situações favoráveis.
- ajuda a obter a amizade de uma pessoa.

Frases de poder:

* Justiça e Verdade são as obras de suas mãos.
* São estáveis para sempre e eternamente, sua generosidade permanece para sempre.

Salmo 112

Aplicações:

- facilita obter riqueza no lar.
- ajuda a afastar as idéias negativas.
- impede a chegada de más notícias, traz as boas novidades.
- para os negócios prosperarem.
- favorece a gravidez e prepara o caminho para os filhos.

Frases de poder:

* Será poderosa sua descendência na terra.
* Na sua casa há abundância e riqueza.
* Ele nunca teme as más notícias.
* A ambição dos injustos fracassará.

Salmo 113

Aplicações:

- contra a esterilidade.
- ergue os fracos e protege os mendigos.
- faz o filho obedecer ao pai.
- ajuda quem luta por uma causa justa.

Frases de poder:

* Do nascer do sol até o poente, louvado seja o nome do Senhor!
* Ele faz a estéril sentar-se em sua casa, como alegre mãe de filhos.

Salmo 114

Aplicações:

- afasta o sofrimento.
- protege os imigrantes.
- entendimento entre o patrão e o empregado.
- é tido como o salmo que faz sair casamento.

Frase de poder:

* A terra estremece diante do Senhor.

Salmo 115

Aplicações:

- afasta a mentira e os que a dizem.
- protege os cinco sentidos.
- amor a Deus e fé na sua força.
- proteção dos filhos.
- faz o testamento ser justo.
- ajuda na expressão dos talentos e virtudes.

Frases de poder:

* O nosso Deus está no céu e faz tudo o que deseja.
* Que o Senhor os multiplique, a vocês e seus filhos!

Salmo 116

Aplicações:

- faz encontrar o companheiro ideal.
- para agradecer a cura de uma doença grave.
- faz sair casamento.
- liberta a alma.

Frases de poder:

* Amo o Senhor porque ele ouve minha voz e minhas preces.
* Libertou minha vida da morte, meus olhos das lágrimas e meus pés de uma queda.
* Quebrastes os meus grilhões.

Salmo 117

Aplicações:

- para ter fidelidade.
- força na provação.

Frase de poder:

* Sua fidelidade é para sempre!

Salmo 118

Aplicações:

- para entender o castigo recebido de Deus.
- vence a luta mais difícil, torna o homem vencedor.
- favorece os empreendimentos comerciais, ajuda a montar uma empresa.
- dá proteção para encontrar o emprego desejado.

Frases de poder:

* O Senhor está comigo, ele me ajuda.
* Abri-me as portas santas, a fim de que eu entre para agradecer ao Senhor.
* Eu te agradeço, porque me ouviste, e foste a minha salvação!

Salmo 119

Aplicações:

- é o salmo mais forte, resolve qualquer problema.
- sua aplicação é mais favorável quando se entrega a Deus a solução dos problemas acreditando que ele nos dará o que é melhor.
- afasta a crítica.
- faz meditar sobre a lei de Deus.
- arruma uma vida que está confusa.

Frases de poder:

* Eu te busco de todo o coração, não me deixes afastar dos teus mandamentos.
* Eu pertenço a ti: salva-me.
* Eu desvio os meus pés de qualquer caminho mau, para observar a tua palavra.
* Tua palavra é lâmpada para os meus pés e luz para o meu caminho.
* Afastem-se de mim, perversos, que eu vou guardar os mandamentos do meu Deus.
* Firma os meus passos com a tua promessa e não deixes que mal nenhum me domine.
* É grande a paz dos que amam a tua lei: para eles não existe tropeço.

Salmo 120

Aplicações:

- para afastar as rivalidades.
- no exílio.
- afasta os sonhos maus.
- encontra a vocação.

Frase de poder:

* Na hora da tribulação, clamei ao Senhor e ele me atendeu.

Salmo 121

Aplicações:

- socorro e defesa.
- para fazer uma viagem em segurança.
- quando alguém que esperamos não chega, está atrasado.
- para descobrir novos caminhos.

Frases de poder:

* O meu socorro vem do Senhor, que fez o céu e a terra.
* De dia, o sol não te fará mal. Nem a lua durante a noite.
* O Senhor guarda as tuas entradas e saídas, desde agora e para todo o sempre.

Salmo 122

Aplicações:

- proteção dos amigos e irmãos.
- paz e segurança no lar.
- oração pelos que sofrem.

Frases de poder:

* Reine a paz em teus muros, e a tranquilidade em teus palácios.
* Por amor de meus irmãos e de meus amigos, pedirei a paz para ti.
* Por amor da casa do Senhor, nosso Deus, pedirei para ti a felicidade.

Salmo 123

Aplicações:

- pedido de compaixão.
- quando o sofredor está farto de seu padecer.

Frases de poder:

* Compaixão, Senhor! Tem compaixão de nós!
* Nossa alma está em excesso repleta da irrisão dos opulentos e do desprezo dos soberbos.

Salmo 124

Aplicações:

- libertação da alma.
- defesa dos animais selvagens.
- proteção contra os assaltos.
- facilita a fuga.

Frases de poder:

* Não estivesse o Senhor do nosso lado, quando os homens nos assaltaram...
* Rompeu-se a armadilha, e nos achamos livres.

Salmo 125

Aplicações:

- traz confiança no futuro.
- dá consolo na aflição.

Frases de poder:

* O Senhor envolve seu povo, agora e sempre.
* Senhor, faze o bem aos bons, aos corações retos.

Salmo 126

Aplicações:

- para quem chora.
- reverte a tristeza, trazendo o riso.
- dá retorno ao sofrimento que se passou, faz viver a recompensa.

Frases de poder:

* Sim, o Senhor fez por nós grandes coisas; ficamos exultantes de alegria!
* Os que semeiam entre lágrimas, colherão com alegria.

Salmo 127

Aplicações:

- proteção da casa, dos filhos e do emprego.
- nada acontece sem a vontade de Deus.
- para ter família numerosa.

Frases de poder:

* Se o Senhor não edificar a casa, em vão trabalham os que a constroem.
* Os filhos são um dom de Deus.

Salmo 128

Aplicações:

- defesa dos netos.
- para saber produzir e dividir.
- para ter uma vida longa e feliz.
- para alcançar a prosperidade colhendo o fruto do trabalho.

Frases de poder:

* Poderás viver do trabalho de tuas mãos, serás feliz e terás bem-estar.
* Que você veja os filhos de seus filhos.

Salmo 129

Aplicações:

- para resistir às dificuldades.
- apoio para o jovem que sofre.
- tira o poder daquele que oprime.

Frases de poder:

* Como me perseguiram desde a minha juventude! Mas não me puderam vencer.
* O Senhor é justo, ele cortou os chicotes dos injustos.

Salmo 130

Aplicações:

- traz o perdão, redime as culpas.
- para o repouso das almas pecadoras.
- pedido na hora do sofrimento e da doença.

Frases de poder:

* Senhor, ouvi minha oração.
* De ti vem o perdão.

Salmo 131

Aplicações:

- domínio dos desejos.
- defesa das crianças de colo.
- humildade e modéstia.
- para conseguir desmamar uma criança.
- protege as pessoas merecedoras.
- traz celebridade e fama.

Frases de poder:

* Meu coração não é ambicioso, nem meus olhos altaneiros.
* Mantenho em calma e sossego a minha alma, tal como uma criança no seio materno.

Salmo 132

Aplicações:

- para ter seu valor reconhecido.
- para encontrar boa moradia.
- ajuda a obter socorro para os necessitados.
- traz vergonha para os inimigos.

Frases de poder:

* É aqui para sempre o lugar do meu repouso, é aqui que habitarei porque o escolhi.
* Vou abençoar suas provisões com largueza e saciar seus indigentes de pão.
* Cobrirei de confusão seus inimigos.

Salmo 133

Aplicações:

- união entre os irmãos.
- fraternidade entre os homens e os povos.

Frases de poder:

* Vejam como é bom, como é agradável, os irmãos viverem unidos.
* Porque aí o Senhor ordena a bênção e a vida para sempre.

Salmo 134

Aplicações:

- bênção para os que seguem as leis de Deus.
- ao sair à noite.
- para ser bem recebido na igreja.

Frase de poder:

* Que o Senhor o abençoe, ele que fez o céu e a terra.

Salmo 135

Aplicações:

- queda dos ídolos falsos.
- salmo dos que não possuem terra para trabalhar.
- para receber sinais.
- defesa do primogênito.

Frases de poder:

* Enviou sinais e prodígios.
* Deu a terra deles como herança.

Salmo 136

Aplicações:

- para alcançar boa posição.
- para obter uma graça quase impossível.
- livra da opressão.
- traz o pão a quem precisa.

Frases de poder:

* Ele se lembrou de nós em nossa humilhação.
* Ele dá alimento a todos os seres vivos.

Salmo 137

Aplicações:

- para quando se está em terra estrangeira.
- afasta a saudade.
- faz ser lembrado por quem está distante.
- para que as nações poderosas sejam punidas pelos seus erros.

Frases de poder:

* Como cantar um canto ao Senhor em terra estrangeira?
* Ó filha de Babilônia, a devastadora, feliz aquele que te retribuir o mal que nos fizeste!

Salmo 138

Aplicações:

- canto de agradecimento pelas dádivas recebidas.
- para seguir adiante, cada vez mais bem-sucedido.
- defesa e orientação para o futuro.
- para atrair os anjos.

Frases de poder:

* Na presença dos anjos eu canto para ti.
* Quando eu caminho entre perigos, tu me conservas a vida.
* Estendes o braço contra a ira do meu inimigo e a tua direita me salva.

Salmo 139

Aplicações:

- favorece o autoconhecimento.
- para fazer viagem aérea.
- favorece grandes benefícios.
- nas provações e nos caminhos difíceis.
- faz o homem expressar a sua imagem verdadeira, que é semelhante a Deus.

Frases de poder:

* Senhor, tu me sondas e me conheces.
* Eu te agradeço por tão grande prodígio, e me maravilho com as tuas maravilhas!

Salmo 140

Aplicações:

- afasta os aduladores.
- para ter seus pedidos atendidos.
- derruba os planos dos inimigos, anula as conspirações.
- forte defesa da violência, da ira e da injustiça.
- ajuda a desenvolver a prudência.
- para quando processos judiciais estão paralisados.

Frases de poder:

* Defende-me do homem violento.
* Não atendais, Senhor, aos desejos do ímpio, não deixeis que se cumpram seus desígnios.
* Sobre eles recaia a malícia de seus lábios.
* Os justos louvarão o teu nome e os retos viverão na tua presença.

Salmo 141

Aplicações:

- abre caminho para que as preces sejam atendidas.
- nos casos em que a pessoa tem dificuldade para evitar as más palavras.
- para escapar de uma situação desagradável ou perigosa.
- refúgio contra armadilhas dos inimigos.

Frases de poder:

* Que minha oração suba até vós como a fumaça do incenso, que minhas mãos estendidas para vós sejam como a oferenda da tarde.
* Senhor, coloca em minha boca uma guarda, uma sentinela à porta dos meus lábios.
* Guarda-me das armadilhas que prepararam para mim e das ciladas dos malfeitores.

Salmo 142

Aplicações:

- no desespero e no desânimo.
- socorro nas horas mais difíceis.
- para quem está na prisão.
- por muitos é considerado o salmo do casamento.

Frases de poder:

* Tu és o meu refúgio, a minha parte na terra da vida.
* Tira-me desta prisão.

Salmo 143

Aplicações:

- permite encontrar o rumo e, depois, abre o caminho.
- ajuda a escolher uma carreira, mostra a vocação verdadeira.
- favorece a reforma da residência.
- faz encontrar ajuda espiritual.

Frases de poder:

* Indica-me o caminho a seguir, pois a ti elevo a minha alma.
* Que o teu bom espírito me conduza por uma terra aplainada.

Salmo 144

Aplicações:

- é o salmo da prosperidade.
- para defesa dos filhos e da família.
- prepara para vencer uma luta.
- grande força para momentos decisivos.
- para vencer demandas.

Frases de poder:

* Seja bendito Senhor, o meu rochedo, que adestra minhas mãos para a batalha e meus dedos para a guerra.
* Sejam nossos filhos como as plantas novas, que crescem na sua juventude.
* Encham-se os nossos celeiros de frutos variados e abundantes.

Salmo 145

Aplicações:

- é o salmo dos que caíram, dá-lhes amparo e reverte a dor.
- para receber resposta rápida de um trabalho.
- quando é preciso tomar uma decisão.
- desenvolve qualidades divinas, faz manifestar o verdadeiro eu.
- guarda aquele que ama a Deus.

Frases de poder:

* O Senhor ampara todos os que caem e endireita todos os encurvados.
* Abres a mão, e sacias à vontade todo ser vivo.
* O Senhor vela por aqueles que o amam.

Salmo 146

Aplicações:

- o salmo dos pequeninos, humildes e desamparados.
- proteção para os oprimidos, famintos, prisioneiros, cegos, estrangeiros, órfãos e viúvas.
- castigo para os injustos.
- para obter fidelidade.

Frases de poder:

* Ele mantém sua fidelidade para sempre.
* O Senhor reinará eternamente.

Salmo 147

Aplicações:

- guarda a casa contra ladrões.
- nas dores de amor.
- beleza e proteção para os campos e jardins.
- favorece as divulgações, facilita a propaganda.

Frases de poder:

* Cura os corações despedaçados e cuida dos seus ferimentos.
* Grande é o Senhor nosso e poderosa a sua força, sua sabedoria não tem limites.
* Ele reforçou as trancas de suas portas.
* Sua palavra corre velozmente.

Salmo 148

Aplicações:

- louvor a Deus e reconhecimento do seu poder.
- proteção das crianças e dos velhos.
- bom para aproximar as forças da natureza.
- adequado para uma ação de graças.
- defesa das árvores.

Frases de poder:

* Louvem ao Senhor, todos os anjos.
* Sua majestade transcende a terra e o céu, e conferiu a seu povo um grande poder.

Salmo 149

Aplicações:

- favorece as festas, faz com que sejam alegres.
- vitória para o pobre, derrota do poderoso injusto.
- na revolução social.
- ajuda a aceitar o destino escrito por Deus.

Frases de poder:

* Porque o Senhor ama o seu povo, e dá aos humildes a honra da vitória.
* Tenham nos lábios o louvor de Deus, e nas mãos a espada de dois gumes, para tirar vingança das nações pagãs.
* Cumprir neles a sentença prescrita é uma honra para todos os seus fiéis!

Salmo 150

Aplicações:

- festeja a glória de Deus.
- ajuda a curar os problemas respiratórios.
- traz harmonia universal.

Frases de poder:

* Louvem a Deus no seu templo, louvem a ele no seu poderoso firmamento!
* Todo ser que respira, louve o Senhor!

Capítulo III

Uso dos Salmos para a Cura

Há vários fluidos divinos que podem promover a cura do ser humano, eliminando a doença física e os males espirituais. Entre aqueles que podem atingir, por igual, a alma e o corpo material, é especialmente importante a prece. Uma oração pode ter um poder de cura igual a qualquer outro recurso terapêutico, com a vantagem de conseguir alcançar os espaços do espírito, inatingíveis pelos remédios de farmácia.

As curas espirituais usam as preces como veículo de contato com Deus, o único que pode trazer socorro e alívio, pois sem a Sua vontade, até mesmo os recursos médicos mais avançados são pouco efetivos.

Toda doença começa na alma; é ela que, alterada, imprime no corpo físico as marcas que o desgastam. Para começar um processo de cura, é necessário que o doente se preocupe em melhorar suas condições espirituais, procedendo às correções necessárias na sua maneira de agir, pensar e falar. Nesse processo os salmos têm uma presença marcante, pois muitos deles são orientadores de conduta. No próximo capítulo será feita uma avaliação de como a leitura dos salmos possibilita a reforma interior que será o ponto de partida para a cura.

Os salmos podem também realizar a cura de urgência, trazendo o alívio das dores, agindo nos processos traumáticos e em todas as manifestações físicas negativas. Até mesmo as curas chamadas milagrosas, por serem casos de doenças consideradas incuráveis, podem ter uma reversão do quadro clínico por meio da fé que o doente manifeste em suas orações.

O perdão é a mais importante realização espiritual que um doente precisa efetuar. Se não se perdoar de coração, a alma fica sujeita aos efeitos nocivos da raiva, da inveja, do desprezo, da insegurança e de tantos outros sentimentos negativos que afetam a saúde mental e física. O perdão dos erros cometidos precisa igualmente acontecer, para que a alma não fique abatida com sentimento de culpa por assuntos passados.

O perdão é libertador. Aconselhamos que comece as orações destinadas à cura por um período introdutório, no qual se faz a oração do salmo 32, uma prece de agradecimento pelo perdão recebido. Ao terminar a sua leitura, peça perdão às pessoas que, conscientemente ou sem propósito, já tenha ofendido. Se existe alguém com quem tenha vínculos kármicos pesados, peça-lhe perdão nesse momento. Se preferir, há ainda outro salmo que pode ser escolhido: o salmo 25, que também tem o perdão como destaque.

Muitos salmos falam de doenças e partes do corpo. Para escolher o que mais se adapta no caso de uma doença, uma leitura geral dos salmos feita com o propósito de encontrar a citação certa pode ser o ponto de partida para a escolha daquele que vai ajudar. Quem está sem condições de fazer essa escolha, encontrará no final do livro um índice onde são relacionados os pontos do corpo e as doenças de acordo com o salmo em que aparecem mencionados.

Sempre que se aliam preces aos tratamentos, o poder curativo dos cuidados utilizados dobra. A oração não substitui o atendimento médico, mas é bom lembrar sempre que ela pode potencializar esses recursos, aumentando sua eficácia.

A prece dos salmos pode ser feita não só pelo doente mas por qualquer pessoa que deseje ajudá-lo. Pedir insistentemente a cura, para si e para os outros, é uma das condições para se receber a graça. É sempre possível criar com as orações um campo de força curativo e regenerador. Insistir com as preces é manter esse campo ativo, o que pode ser necessário em alguns casos.

É importante orar com frequência, repetir por vários dias o pedido, esperando o socorro.

Uma oração tem que ser feita com fé para poder movimentar as energias curativas necessárias. Fé e prece, unidas, são capazes de ligar o homem a Deus, trazendo para a terra a força divina, que é o fluido gerador da cura tão esperada. Os salmos, por serem antigos, já possuem uma grande energia acumulada, sendo mais fácil conseguir, por meio deles, a união com Deus. Mas não são apenas os salmos as únicas preces capazes de curar. Uma oração feita com o coração e qualquer outra prece da religião pessoal contêm o mesmo poder recuperador. A chave da cura e do poder da oração reside na fé.

Não se deve abandonar a oração mesmo no caso de não haver mais esperanças, pois ela ampara na dor, na solidão e na insegurança frente aos momentos finais da vida.

O principal salmo de cura é o de número 6. Suas palavras são uma súplica pungente, que demonstram a urgência que a pessoa tem de receber socorro. Nesse salmo o doente reconhece seus males como algo que teve origem em seus erros passados, mas considera que o sofrimento pelo qual tem passado já foi suficiente para o aprendizado que tinha de alcançar. Fazer a oração desse salmo ao lado de quem está sentindo dor é como aplicar um remédio; o alívio sempre é evidente e sempre vem rápido. Nessa prece o salmista termina agradecendo como se a cura já estivesse realizada. Essa maneira de orar, agradecendo por aquilo que se deseja como algo já realizado é muito positiva. Ao agradecer, a pessoa demonstra confiança em Deus e não deixa espaço para a dúvida, que anularia sua fé na capacidade divina de tudo poder realizar.

Mas existem outros salmos importantes para a cura espiritual. Leia o salmo 9 num momento difícil, quando sente sua saúde abalada, e a energia enfraquecida, e sentirá de imediato crescer a confiança e a força. Esse salmo é de grande valia no caso das doenças cuja cura os médicos não conseguem realizar.

O salmo 13, embora seja uma pequena oração, tem muito poder curativo. Ele atua especialmente bem nos casos em que a doença vem dos comportamentos negativos da pessoa, como é o caso dos vícios.

Quando a origem da doença se encontra nos assédios espirituais, isto é, quando a pessoa é vítima de espíritos perturbados, a defesa proporcionada pelo salmo 16 é de grande valor. Sua oração cria uma proteção que anula as influências espirituais negativas. O salmo 16 também afasta o medo da morte.

O salmo 18 tem a mesma capacidade defensiva contra os inimigos espirituais, com o acréscimo de reforçar a força física. As pessoas que acabaram de fazer uma cirurgia ou que estão saindo de um período de doença irão encontrar nele apoio durante a convalescença.

O desânimo é um fator que abate as pessoas doentes e, nas sadias, compromete o estado físico. Para combater o desânimo, o salmo 20 é um excelente recurso.

O salmo 30, à semelhança do 6, tem uma forte atuação nos problemas de saúde em geral. É conhecido como o salmo da vida longa, sendo usado pelas pessoas idosas com proveito.

Para as mulheres que desejam engravidar, o salmo 36 pode trazer fertilidade e favorecimentos. A futura mãe que recorre a esse salmo irá se ver em breve gerando um filho sadio e bem-formado. Outros salmos indicados para essa situação são o 102 e o 112. Já o salmo 113 age contra a esterilidade e é mais forte para os casos onde existem barreiras físicas a superar para poder gerar um filho.

Todo o tipo de ferida, abscessos e chagas que não cicatrizam são trabalhados com a oração do salmo 38. Essa prece deve ser feita com as mãos impostas sobre a parte afetada, sem tocá-la, repetidamente, até sua completa cura. Esse é também o salmo das doenças de fundo kármico, sendo um ótimo auxiliar nos casos de depressão.

Costumam estar relacionados com as más palavras os problemas físicos localizados na boca e na garganta; por isso, o salmo 39, cujo conteúdo fala sobre as palavras negativas pode ser usado com resultado positivo nessas situações de doença.

Quem está acamado se impacienta e deseja sair logo do leito. O salmo 41 facilita a recuperação rápida de uma doença que impede sair da cama, bem como aquelas que imobilizam de outras maneiras o doente, como é o caso dos derrames, da hepatite e das fraturas.

Para escapar da morte, recebendo a graça de viver muito tempo mais, o salmo 49 tem as palavras certas. É um salmo de reflexão sobre o fim da vida e das atitudes que se praticam durante a existência.

Para limpar a alma de resíduos negativos, principalmente os do passado, que podem influir na saúde presente, as palavras do salmo 51 têm qualidades de purificação; elas eliminam os resíduos espirituais negativos.

Nas situações em que se pode correr risco de vida, a prece do salmo 56 é eficiente. Esse salmo afasta inimigos encarnados e desencarnados, sendo de grande proteção.

O salmo 57 defende contra os ataques de animais e o 58 protege das picadas de cobras venenosas. Ambos formam um escudo defensivo contra bichos, muito útil para quem vive nos campos e matas, estando de algum modo exposto aos animais.

O salmo 71, como já mencionamos no início do livro, é considerado o salmo que protege as pessoas que precisam fazer uma cirurgia. Ele deve ser feito durante os sete dias que antecedem o procedimento cirúrgico e, na hora em que está acontecendo a operação, as pessoas amigas e os familiares podem reforçar a defesa, fazendo essa prece. Esse salmo resolve todas as questões, mesmo as mais difíceis, servindo de apoio nos casos de saúde mais complicados.

A leitura do salmo 73, que é uma meditação sobre os efeitos da tentação no homem, está indicada para aqueles que desejarem resolver problemas de saúde relacionados com os vícios. Pode ser feita pelo dependente ou por quem deseje ajudá-lo. É necessário insistir no mínimo por 49 dias.

Outro salmo importante é o de número 88. Ele é um apelo de quem está quase à morte, sentindo-se abandonado pela família e pelos amigos. Agrava a situação a aversão que sua doença causa. Sendo assim, esse salmo socorre as pessoas que se encontram em semelhante situação. É o salmo do desespero e da necessidade de receber solidariedade na dor. É indicado igualmente nos casos de nascimento prematuro ou quando o bebê nasce fraco, correndo risco de vida.

O salmo 91, cuja proteção é reconhecida em todas as áreas, serve, nesse caso, para defender das doenças causadoras de epidemias e pestes. Assim, a AIDS, a cólera e a meningite, que possuem essas características e afligem a humanidade podem ser trabalhadas defensivamente com a prece desse salmo.

Quem deseja um filho pode usar o salmo 102, mas ele tem outra interessante aplicação: pode facilitar a volta do apetite para quem come pouco ou está desgastado e não se alimenta com prazer. Ele também protege as crianças das doenças.

Como o salmo 103 favorece a aproximação dos anjos e esses seres de luz trabalham para nos trazer aquilo de que necessitamos, podemos usar esse salmo como apelo para ter a cura facilitada por intermédio de um anjo.

Muitas vezes o desgaste físico é reflexo da pouca ligação do homem como a mãe Terra. Quem desejar reabastecer suas energias, entrando em sintonia com o planeta que habitamos, pode fazer a oração do salmo 104, que restabelece a união com a natureza.

Os sentidos da audição, do tato, da visão, do olfato e do paladar efetuam a nossa ligação com o mundo, pois é por meio das sensações que recebemos dos órgãos sensoriais que percebemos tudo aquilo que nos rodeia. Quando um órgão dos sentidos está funcionando mal, a vida torna-se menos alegre. Para proteger os cinco sentidos e seus órgãos, a oração do salmo 115 é perfeita, pois suas palavras falam sobre esse assunto. Esse salmo também favorece a chegada dos filhos.

Algumas vezes, na doença, precisamos encontrar o médico certo, aquele que será capaz de fazer um diagnóstico correto, que seja amparado por Deus para fazer com acerto o tratamento que trará a saúde de volta. Para encontrar esse médico, faça a oração do salmo 116, que também poderá ser usada como agradecimento pela cura recebida.

O salmo 119, em algumas Bíblias com o número 118, é considerado o salmo de maior poder, com atuação sobre qualquer assunto. Ele é fácil de reconhecer, pois é o único salmo grande. Em geral, o retorno do que pedimos por meio de sua oração vem da maneira que melhor se encaixa nos planos divinos, por isso ele traz a cura, caso essa seja a vontade de Deus para o nosso futuro.

A defesa dos netos é uma dádiva que se pode obter pela prece do salmo 128, que também traz vida longa e feliz.

O salmo 130 é outro salmo de grande valor na hora da doença. Ele fala sobre o perdão, que é uma condição para a realização da cura e sua súplica, simples e curta, tem palavras que transmitem a grande intensidade do sofrimento vivido. É muito usado nas doenças graves.

As criancinhas de colo encontram no salmo 131 sua força e proteção. Esse salmo também ajuda a desmamar uma criança sem sofrimento para ela ou para a mãe. O salmo 135 está relacionado com a defesa do primogênito.

Uma pessoa pode sofrer um ataque à sua integridade física por parte de inimigos ou assaltantes. Para defender o corpo contra os danos causados pela violência, o salmo 140 pode ser usado.

Em alguns momentos de uma doença pode surgir a necessidade de fazer uma opção por um médico ou por um determinado caminho terapêutico, e a pessoa fica em dúvida sobre como proceder. Para receber orientação na hora de tomar uma decisão desse tipo, pode-se fazer a oração do salmo 145, que facilita o encontro da resposta certa na incerteza.

Para proteger os idosos e as crianças, pode-se fazer a prece do salmo 148. Esse salmo protege também os animais e os vegetais, que adoecem como nós.

Os problemas respiratórios, considerados basicamente como doenças de fundo espiritual, recebem alívio quando são apoiados pela oração do salmo 150.

Capítulo IV

Uso dos Salmos para Afastar o Erro e Desenvolver Qualidades Espirituais

O objetivo primeiro da vida é melhorar espiritualmente, crescer como espírito, por meio de aprendizados. Cada pessoa tem necessidade de aprender, durante sua existência, aquilo que sua alma ainda não sabe. Para alguns, o aprendizado inclui dores e provações, mas mesmo essas dificuldades devem ser vistas como uma maneira de evoluir, pois elas purificam o espírito dos erros passados.

Quando se promove a instrução por vontade própria, sem esperar que a vida se encarregue de dar suas lições, que podem ser duras, a pessoa trilha por um caminho mais suave, sem tanto sofrimento. Para aqueles que desejam melhorar, os salmos podem ser de grande valia. Seus textos pregam valores, apontam erros, ensinam o que é importante de verdade e ajudam a desenvolver qualidades espirituais.

Já no primeiro salmo lemos:

Feliz o homem que não vai ao conselho dos injustos,
não pára no caminho dos pecadores,
nem se assenta na roda dos zombadores.
Pelo contrário:
seu prazer está na lei do Senhor, e medita sua lei, dia e noite.

Essas palavras engrandecem aquele que não se alia ao que está fora da lei de Deus e que medita sobre os mandamentos dessa lei. Ele é um impulso para que nós possamos fazer o mesmo, orientados pelas palavras sagradas do livro do Senhor.

Ler um salmo com a mente aberta para receber instruções é uma maneira simples, porém efetiva de aprender. Com a sua leitura, poderemos ver que alguns deles são codificadores de conduta, outros nos dão a necessária proteção durante o caminho de crescimento interior, e outros ainda mostram que colhemos aquilo que semeamos.

Selecionar uma qualidade espiritual que desejamos desenvolver e buscar o salmo que tem essa palavra, fazendo sua oração com insistência, termina por trazer para nós a facilidade de manifestar tal qualidade. O dom desejado é alcançado também com esforço verdadeiro e determinação de mudar, mas o apoio do salmo facilita a concretização da mudança interior desejada.

Do mesmo modo, podemos procurar nos salmos aquilo que precisamos eliminar da nossa natureza espiritual para trazer mudanças positivas à alma. Por exemplo, eu desejo eliminar do meu comportamento a inveja, pois sei que ela não é parte da minha natureza divina. Acontece que sempre tive inveja e tenho dificuldade para eliminá-la, ainda que esteja bem consciente de que é nociva e atrasa a minha evolução. Procuro nos salmos e encontro no salmo 37: "Não se irrite por causa dos maus, nem tenha inveja dos injustos". Na verdade eu não invejo os injustos, mas vou usar esse salmo que mostra a negatividade da inveja para me ajudar a eliminá-la dos meus procedimentos e passo a fazer sua leitura, pedindo no seu término a minha correção. Cada vez que sentir inveja, repito a oração, enquanto luto, de maneira prática, contra esse sentimento.

Sei que é bem mais interessante que cada um faça a leitura dos salmos procurando, por si, aquele que irá servir para o seu aperfeiçoamento, mas às vezes a pessoa fica sem um impulso para começar, por não ter um ponto de partida. Por isso, vou passar duas pequenas listas que contêm algumas das qualidades e dos defeitos da alma, tendo ao lado o número do salmo em que aparecem citados.

As duas listas a seguir servem para que cada um trabalhe seus defeitos, eliminando-os, e suas qualidades, fazendo-as crescer. Mas existe outra maneira de trabalhar com os defeitos e qualidades da alma: é ajudar a quem está sem condições de o fazer por si. Conseguir isso é

Qualidades da alma

Alegria, salmo 4
Amor, salmos 25, 85
Bondade, salmos 77, 86
Caridade, salmo 65
Compaixão, salmos 40, 69
Confiança, salmos 4, 23, 78
Coração puro, salmo 24
Coragem, salmo 23
Defesa espiritual, salmo 18
Disciplina, salmo 50
Esperança, salmos 37, 39
Fé, salmos 62, 71
Fidelidade, salmos 12, 85, 89
Fortaleza, salmos 27, 28, 71
Franqueza, salmo 52
Humildade, salmo 66
Integridade, salmo 18
Justiça, salmos 11, 33, 85
Lealdade, salmo 101
Meditação, salmo 19
Misericórdia, salmo 31, 77
Modéstia, salmo 19
Obediência, salmo 78
Perdão, salmos 25, 132
Piedade, salmos 27, 41, 86, 103
Pobreza, salmo 22
Pureza, salmo 18
Retidão, salmo 111
Sabedoria, salmo 37
Verdade, salmo 25

Deficiências da alma

Altivez, salmo 101
Ambição, salmo 131
Angústia, salmos 15, 32, 50
Arrogância, salmo 5
Ansiedade, salmo 55
Avareza, salmo 10
Avidez, salmo 56
Calúnia, salmo 35
Ciúme, salmo 79
Cólera, salmo 59
Confusão, salmo 35
Desprezo, salmo 31
Discórdia, salmo 55
Erro, salmo 39
Ganância, salmo 7
Gula, salmo 106
Ilusão, salmo 4
Integridade, salmo 84
Intrigas, salmo 37
Inveja, salmo 37
Ira, salmos, 2, 37
Irritação, salmo 2
Maldade, salmo 10
Maldições, salmo 59
Maledicências, salmo 50
Malícia, salmo 17
Medo, salmo 55
Mentiras, salmo, 34
Ódio, salmo 109
Orgulho, salmos 19, 89, 101
Perversidade, salmo 18
Raiva, salmo 55
Rancor, salmos 85, 103
Vingança, salmo 8
Violência, salmos 7, 11
Soberba, salmos 10, 31

fácil, basta fazer pela pessoa a oração do salmo apropriado. Nesse caso, é preciso haver mais insistência no pedido, pois leva algum tempo para que o salmo atue sobre quem não está desejando conscientemente a graça solicitada. Mas dá resultado!

Por exemplo (só como exemplo), eu tenho uma cunhada que é extremamente faladeira. Ela tem o péssimo hábito de falar mal dos outros. Reclama de seu marido, critica a sogra, promove intrigas entre os irmãos. Se eu apontar a ela essa falha, só vou criar mais confusão, pois sua língua ferina é bem capaz de começar a se ocupar de mim. Então, eu posso me dedicar por uma semana a orar para que ela receba a iluminação e consiga enxergar seu defeito, corrigindo-o. Um bom salmo, nesse caso, seria o 50. Faço, então, reservadamente, a oração desse salmo, seguida do meu pedido para que ela possa ver que está errada e consiga melhorar, dando sossego para toda a família.

Há mais uma colocação que seria interessante fazer. Quando começar a promover suas correções interiores, não dê início por aquela que é mais difícil de conseguir. Comece pela que é mais fácil, que está apenas precisando de um pequeno cuidado de sua parte para obter. Agindo assim, o pequeno sucesso obtido estimulará as melhorias seguintes.

Veja só: se você faz uma avaliação e conclui que precisa eliminar de sua alma a ira, a gula e o ciúme, comece por aquele que lhe é mais fácil de conseguir. Trabalhe apenas com esse item, mas de modo persistente. Não se incomode se levar algum tempo ou tiver "recaídas" quando achar que já estava livre do defeito; com o tempo irá sair vencedor. Se começar pelo mais difícil, é bem possível que falhe ou desista diante das dificuldades que surgirem, ao passo que, se trabalhar primeiro com algo menos intenso, certamente terá resultados e o sucesso obtido o estimulará a prosseguir com os melhoramentos seguintes.

Da mesma maneira, trabalhe com as qualidades que deseja desenvolver na sua alma. Comece por aquilo que é bastante fácil e evidente, até chegar ao que lhe parece quase impossível de manifestar.

Mesmo que seja pouco o que nos parece realizar pela alma, ela terá crescido na sua evolução e isso fará, com certeza, com que você mude sua faixa vibratória. O melhor de tudo é que os resultados dessa melhoria espiritual acabarão por se refletir também na sua vida material.

Quando estiver com vontade de receber boas orientações gerais, leia os salmos 15 e 24. Eles são codificadores da conduta do homem, suas regras morais apresentam-se de modo claro e abrangente, dando uma orientação firme e segura para o caminho do crescimento espiritual. E quando sentir faltarem forças para mudar sua vida, leia os salmos 16, 24 e 119, que mostram como as recompensas para quem trilha pelo caminho apontado pelo Senhor são abundantes e sempre chegam.

Capítulo V

Métodos para Trabalhar com a Energia dos Salmos

Para algumas pessoas, basta sentar-se com sua Bíblia, tranquilizar o espírito e fazer uma oração para sentirem a força da prece sobre sua alma. Outras gostam de seguir uma novena e por nove dias, semanas ou meses vão ao templo de sua religião participar de um culto religioso. Existem aquelas que seguem indicações das mais variadas, porque cada pessoa está numa fase de evolução espiritual diferente da outra. O respeito a essa verdade é necessário, por isso não devemos criticar as ações dos outros com relação à fé, desde, é claro, que não prejudiquem o seu semelhante. É importante entender suas atitudes como uma necessidade da alma naquele momento.

Reunimos algumas maneiras de orar os salmos, que encontramos em livros ou nos relatos de nossos alunos, para mostrar os mais variados métodos usados por quem já está muito ligado à oração dos salmos. Só siga as nossas sugestões, se sentir interesse e achar que está de alguma maneira sintonizado com o que está proposto. Caso contrário, orar o salmo e fazer o seu pedido é suficiente.

1. O Método mais Comum

O método mais usado para fazer um pedido por meio de um salmo é fazer sua oração por sete vezes, seguindo-se a colocação da graça que se espera alcançar. Geralmente a prece é feita por sete dias consecutivos, sendo preferível fazê-la sempre no mesmo horário. Nada impede, porém, que numa emergência o salmo seja lido sete vezes, de hora em hora ou até mesmo com um intervalo menor. Quando alguém me pede uma oração, leio o salmo mais indicado por sete vezes consecutivas.

Leia um salmo de cada vez, faça um pedido de cada vez. Esse é o processo mais indicado, pois quando os problemas são muitos, a oração de vários salmos ao mesmo tempo, com vários objetivos, poderá dissolver a energia concentrada na súplica.

A solicitação feita por meio dos salmos costuma ser respondida em 21 dias. Quando é muito difícil, em 72 dias. Mas desde o oitavo dia, isso é, o dia seguinte ao término das orações, as alterações já são sensíveis.

Quando lemos os salmos com fé, nossa vida muda de verdade e isso vai fazer com que nos tornemos propagandistas deles. Mas devemos lembrar que há uma hora certa para tudo e o melhor momento de falar sobre os salmos para alguém é quando a pessoa nos conta um problema ou pede uma opinião. Passe suas experiências com os salmos positivamente, mas não force ninguém a lê-los.

2. Defesa

Há vários salmos adequados para a defesa espiritual e física (veja o índice da p. 123). A simples leitura de um desses salmos protege sempre com certeza, mas já vi quem fosse além, copiando o salmo num papel e carregando-o o tempo todo consigo. Esse procedimento pode ser interessante em momentos críticos, quando a vida está de alguma maneira ameaçada. Também é eficaz ao frequentar lugares desertos, sair à noite, carregar uma grande soma em dinheiro ou quando for receber o salário no banco. Nessas horas, ter o salmo copiado e perto do corpo, cria um escudo de proteção muito forte. Mais tarde, passado o acontecimento, queime o papel. As cinzas podem ser lançadas ao vento ou enterradas.

3. Mudança Total

Há momentos em que é importante dar uma virada na vida, não é? Nós podemos fazer isso com o apoio dos salmos. Quase sempre as viradas em que há empenho possuem ações fortes, palavras fortes, pensamentos fortíssimos, e isso desgasta. A mudança positiva e gradual é menos chocante, mas tem solidez e, quando é realizada de acordo com a vontade de Deus, torna-se perfeita.

Faça assim: leia um salmo por dia. Comece pelo de número 1 e vá até o de número 150. Isso vai levar um bocado de tempo, cerca de cinco meses. Não se preocupe se um dia esquecer ou se, por causa de alguma doença ou por outro motivo qualquer, estiver cansado e ficar uma semana sem condições de ler. O importante é completar os 150.

Cada salmo lido vai curar uma área da sua vida. Com o tempo, os benefícios esperados surgirão, dando uma virada geral, aquela que era tão desejada. Você não precisa mentalizar o que anseia. Até é melhor não fazer nada nesse sentido, apenas deixe que venham os benefícios à medida que forem sendo enviados por Deus.

4. Limpeza de um Aposento da Casa

Muitas vezes sentimos na casa uma energia pesada e dizemos que está carregada de maus fluidos. Isso pode acontecer depois de termos recebido uma visita, quando alguém da casa bebeu muito ou usou drogas, depois de um período de intenso sofrimento, nas ocasiões de perda ou outras crises. A limpeza dos ambientes pode ser igualmente feita quando nos mudamos para uma casa que não é nova tendo por isso já sido habitada por outras pessoas.

Primeiro escolha o salmo mais adequado, de acordo com o tipo de energia negativa que pode estar agindo (para encontrá-lo, consulte o índice da p. 123). Há salmos para afastar os inimigos, o vício, a magia negra, o sofrimento, etc. Depois de fazer a escolha, copie quatro vezes o texto e o coloque nos quatro cantos do aposento. Se estiver fazendo uma limpeza energética da casa toda, não precisa fazer ambiente por ambiente, coloque nos quatro cantos da casa. Deixe por sete dias, depois recolha e queime. Durante esse período faça diariamente a oração do salmo dentro do aposento que está sendo purificado.

5. Defesa da Residência

O salmo mais indicado para proteger a residência é o salmo 91, pela tradição e pelo seu conteúdo. Ele costuma ser copiado e colocado atrás da porta de entrada da casa. Geralmente é deixado bem visível, mas também pode estar oculto atrás de um quadro ou embaixo de uma toalha de mesa.

Quando for colocar o salmo 91, faça durante os sete primeiros dias a oração desse salmo, pedindo no final proteção para a casa.

6. Corrente de Orações

Numa situação de emergência, várias pessoas podem fazer, ao mesmo tempo, orações dos salmos por quem está passando por uma dificuldade. Sete pessoas deverão ler um salmo escolhido, que seja adequado às necessidades, na mesma hora. Não é necessário estarem reunidas num mesmo lugar, cada uma fará no lugar em que estiver. Ao terminar a leitura, fazem o mesmo pedido, previamente combinado.

7. Ao Acaso

Outra maneira de escolher um salmo para ler é deixar que o acaso faça a seleção. Essa escolha casual não é na verdade tão casual assim, uma vez que se vai pedir que ela seja feita por Deus.

Sente-se com sua Bíblia num lugar bem tranquilo. Feche os olhos e respire calmamente, até se sentir em harmonia. Peça para receber ajuda na medida de que necessita. Abra a Bíblia e leia o primeiro salmo com que deparar.

Quando se faz esse tipo de abertura, na verdade estamos mostrando confiança na sabedoria de Deus, que vai nos orientar conforme precisamos. O curioso é que sempre vamos receber uma mensagem adequada ao momento que estamos vivendo. Isso fica evidente quando pensamos em alguma questão e a mensagem é sobre outra, muito mais necessária para a situação que estivermos vivendo.

8. Para os Outros

Sempre é possível ajudar as pessoas necessitadas com a oração de um salmo. Isso pode ser feito tanto para quem amamos, como para quem não temos ligação; isso é uma forma de amor impessoal pela humanidade. Quem pede para os outros, quase nunca precisa pedir para si. Se você vir um colega de serviço angustiado pela doença de um filho, ore para que essa criança seja assistida no seu padecer e vai ver que é bem provável quase nunca precisar rezar por doenças do seu próprio filho.

Com nossos familiares, principalmente os mais descrentes, teremos diversas situações em que uma oração pode ser feita para ajudá-los. Experimente copiar um salmo que facilita a obediência colocando-o sob o colchão da sua filha adolescente. Faça a oração desse mesmo salmo durante sete dias e verá como ela vai se mostrar mais tratável e acessível. Da mesma maneira, faça isso para ajudar o marido a resolver os problemas com o patrão ou para fazer o filho estudar mais.

9. As Orações da Mãe

Quando necessitar de ajuda urgente, peça que sua mãe faça o salmo por você. As orações feitas por uma mãe que pede por seu filho são excepcionalmente fortes. Quem não tem mais a graça de ter sua mãe por perto, peça-lhe ajuda assim mesmo, pois certamente será auxiliado.

Índice Geral das Aplicações

D

E

F

R

V

Índice das Aplicações para a Cura